Karl Knortz

Shakespeare in Amerika

Eine literarhistorische Studie

Karl Knortz

Shakespeare in Amerika
Eine literarhistorische Studie

ISBN/EAN: 9783744634311

Hergestellt in Europa, USA, Kanada, Australien, Japan

Cover: Foto ©Thomas Meinert / pixelio.de

Weitere Bücher finden Sie auf **www.hansebooks.com**

Shakespeare

in Amerika.

Eine literarhistorische Studie

von

Karl Knortz.

Berlin.
Verlag von Theodor Hofmann.
1882.

Man muß es dem Amerikaner lassen: was er einmal angreift, greift er mit natürlichem Geschick und außerordentlich zäher Ausdauer an. Scheinbar unüberwindliche Schwierigkeiten schrecken ihn nicht im mindesten ab, und er ist jederzeit bereit, für seine Lieblingsidee nicht allein Hab und Gut zu opfern und seinen Krebit auf das Äußerste anzustrengen, sondern auch im Nothfalle sein Leben dafür zu lassen. Auch schiebt er die Ausführung seines Vorhabens niemals auf die lange Bank. Wo der Deutsche monatelang unentschlossen dasteht und alle Chancen sorgfältig überdenkt, greift der Amerikaner gleich tapfer zu, denn er huldigt dem Grundsatze, daß zuletzt doch nur dem Muthigen die Welt gehöre.

Auch ist der Amerikaner durchaus kein so kalter Geldmensch, wie allgemein von ihm behauptet wird; aber er vergißt niemals, daß sich ohne Geld heutigen Tages überhaupt nichts von Bedeutung erzielen läßt. Sentimentale und thatenlose Träumerei ist in keinem Lande so übel angebracht als gerade in Amerika; der Yankee glaubt mehr als irgend ein Anderer an den tiefen Sinn der Göthe'schen Worte, daß nur derjenige auf Tage frohen Genusses einen gerechtfertigten Anspruch besitze, der sich denselben durch saure Wochen erkauft hat. Trotzdem ihm die Arbeit und die dadurch erzielte Vermehrung seines Eigenthums schon an und für sich die höchste Befriedigung gewährt, so vergißt er doch nie, daß der Mensch nicht vom Brode allein lebt, sondern daß auch der Geist Bedürfnisse hat, die ebenfalls befriedigt sein wollen. Für Hebung der Schulen, für Gründung wissenschaftlicher Sammlungen und Volksbibliotheken hat der Amerikaner stets zum Geben bereite Hände. Er ist stolz auf sein Land und sein höchster Ehrgeiz besteht darin, die europäischen Länder auf allen Gebieten der industriellen, merkantilen und wissenschaftlichen Thätigkeit zu überflügeln.

Sobald die Pioniere ein Plätzchen im Urwalde gelichtet und sich darauf nur einigermaßen wohnlich eingerichtet haben, ist es ihr erster Gedanke, eine möglichst gute Schule in's Leben zu rufen, denn sie wissen recht gut, daß die öffentlichen Schulen zuletzt doch die Hauptpfeiler der amerikanischen Republik sind. Die Zahl der Ansiedler mehrt sich von Jahr zu Jahr, und bald fährt an der neuen Kolonie eine Eisenbahn vorbei, welche die Produkte derselben nach einem lohnenden Markte befördert. Der Wohlstand des jungen Gemeinwesens wächst sichtlich von Tag zu Tag und bald ist man gezwungen, eine höhere Lehranstalt zu gründen. Die jüngeren Leute organisiren auch bald einen literarischen Verein, in dem sie alle öffentlichen Fragen debattiren und sich dadurch zu intelligenten Staatsbürgern heranbilden. Es werden eine Anzahl Zeitungen gehalten, und damit ist dann auch zugleich der Anfang einer Vereinsbibliothek gemacht. Sobald dieselbe nun einige hundert oder tausend Bände zählt, wird sie gewöhnlich der Stadt unter der Bedingung geschenkt, daß jährlich eine bestimmte Summe für die Anschaffung neuer Bücher ausgeworfen wird, und daß die Benutzung dieser Bibliothek jedem Einwohner unentgeltlich erlaubt wird. Auf diese hier kurz angedeutete Weise sind alle unsere großen, öffentlichen Bibliotheken entstanden. Der Amerikaner kennt den Werth dieser Institute für die Verbreitung wissenschaftlicher Kenntnisse zu genau, um dafür mit seinen Ausgaben zu knausern. Wenn auch die Durchschnittsbildung der Amerikaner nicht tief und umfangreich ist, so ist dieselbe doch viel allgemeiner als in Europa, und dieser Umstand ist zum großen Theile den öffentlichen Bibliotheken zuzuschreiben.

Der Sinn für das Gemeinwesen ist dem Amerikaner angeboren; es giebt hier, Gott sei Dank, keine privilegirten Klassen, und was also dem Einen zu gute kommt, kommt Allen zu gut. Selten stirbt ein Amerikaner, der nicht seine, für irgend ein specielles Studium angeschaffte Privatbibliothek einer öffentlichen Bibliothek einverleiben läßt, vorausgesetzt nämlich, es befindet sich seine Familie nicht in solchen Verhältnissen, daß sie dieselbe unter den Hammer des Auktionators bringen muß. Prescott's und Ticknor's großartige Sammlungen spanischer Werke gingen als Schenkungen in den Besitz öffentlicher Bibliotheken über, und so hat fast jeder amerikanische Specialgelehrte ein Interesse daran, daß die von ihm gesammelte Bibliothek nach seinem Tode nicht zerstreut wird, sondern als Ganzes dem Gemeinwesen erhalten bleibt. Hat sich der Amerikaner einmal auf eine gewisse Specialität geworfen, so kann man sicher sein, daß er keine Kosten scheut, sich in den Besitz aller erreichbaren Werke zu setzen, besonders aber, wenn er in jenem Lieblingsstudium nicht die Thätigkeit erblickt, der er seinen Lebensunterhalt verdankt.

Während die amerikanischen Schulen früher lediglich praktischen Zwecken zu genügen suchten und dies auch heute noch da thun, wo sie durch äußere Umstände dazu gezwungen sind, hat man neuerdings durch das Heranziehen anderer Zweige dem Unterrichte eine gesunde Mannigfaltigkeit gegeben und den Sinn für das Gute und Schöne zu wecken gesucht. Wo man früher selbst an den sogenannten high schools — Anstalten, die ungefähr den Klassen Quarta bis Untersecunda eines deutschen Gymnasiums gleich stehen — das Studium er englischen Literatur so gut wie gar nicht berücksichtigte, hat man demselben neuerdings größere Aufmerksamkeit und zahlreiche Unterrichtsstunden gewidmet. Auch hat sich die betreffende Unterrichtsmethode bedeutend verbessert, wie denn überhaupt der Amerikaner nie auf sich warten läßt, wenn es gilt, etwas Besseres einzuführen.

Zur Zeit, als der Verfasser dieser Zeilen den Unterricht der englischen Literatur an einer Hochschule des Staates Wisconsin leitete, war es allgemeiner Gebrauch, die Schüler von einer Unterrichtsstunde zur anderen vier bis fünf Seiten aus dem eingeführten Lesebuche auswendig lernen zu lassen. Dieselben mußten dann den Inhalt so gut wie möglich wieder erzählen und damit war der literarhistorische Unterricht abgethan. Daß dies ein allgemeiner, natürlich nicht von uns befolgter Gebrauch war, erzählt auch Dr. Blaidsell in seiner lesenswerthen Abhandlung „Suggestions on teaching English Literature." Jetzt aber ist man zu der Ansicht gekommen, daß allerdings eine allgemeine Uebersicht der Geschichte der Literatur nöthig sei, dabei aber das gründliche Studium eines englischen Klassikers mehr Werth habe als das Memoriren zahlreicher literarhistorischer Kompendien. Was nützt zuletzt die Kenntniß biographischer Notizen und trockener Jahreszahlen, Autoren betreffend, von denen man nie eine Zeile gelesen hat und auch wohl im ganzen Leben keine liest? Was nützen auswendig gelernte Urtheile über Werke, die man niemals gesehen hat?

Von diesem Gesichtspunkte ausgehend veranstalteten dann einige amerikanische Verleger erklärende Schulausgaben von Thomson's „Seasons," Milton's „Paradise lost" und anderen englischen Klassikern; aber man fand bald heraus, daß sich die große Masse der Schüler nicht für eine derartige Lektüre begeisterte. Jene Bücher packten nicht, wie man zu sagen pflegt und so hätte sich auch diese Neuerung als verfehlt herausgestellt, wenn nicht Hudson und Rolfe auf den glücklichen Gedanken gekommen wären, Shakespeare's Dramen für den Schulgebrauch zu bearbeiten. Shakespeare ist einer der wenigen Autoren, die niemals veralten. Er hat daher auch seine Verehrer in allen Schichten der menschlichen Gesellschaft, und mancher Geistliche hat neben der Bibel seinen Shakespeare liegen und studirt denselben mehr, als er öffentlich zuzugeben geneigt ist. Strauß hat vollkommen recht, wenn er sagt, daß zuletzt nur noch der Genius von uns Verehrung fordern darf.

Man hat auch versucht, Dante in Amerika einzubürgern; aber trotzdem sich mehrere gründliche Kenner desselben als Vorkämpfer aufwarfen, waren sie doch nicht im Stande für den Florentiner mehr als ein schnell vorübergehendes Interesse wachzurufen. Die Welt, in der sich Dante bewegt, steht dem heutigen Zeitgeiste zu ferne; Shakespeare hingegen bewegt sich in einer Sphäre, in der wir uns alle heimisch fühlen. Es lohnt sich also, sich mit ihm eingehend zu beschäftigen.

Hier soll es nun unsere Aufgabe sein, auf die Verdienste hinzuweisen, die sich Amerika um die Verbreitung und Erklärung der Werke Shakespeare's erworben hat.

Vor hundert Jahren besaß die Bibliothek des Harvard College*) nur zwei Ausgaben der Werke Shakespeare's, wie denn überhaupt damals die gesammte dramatische Literatur in Amerika als demoralisirend angesehen wurde; existirte doch z. B. bis zum Jahre 1792 in Boston ein Gesetz, das die Aufführung aller „stage-plays" untersagte, weshalb die damaligen Schauspieler ihre Vorstellungen gewöhnlich als „dramatic recitations" anzeigten. Heute aber befinden sich in Boston und Cambridge mehr Shakespeareaner als in manchen europäischen Ländern zusammen. Der öffentlichen Bibliothek

---

*) Siehe Seite 25 „Public Libraries in the United States," part. I. Washington 1876.

der erstgenannten Stadt ist auch die berühmte, von dem verstorbenen Thomas P. Barton, einem reichen Newyorker, angelegte Sammlung Shakespeareana einverleibt worden. Darunter befindet sich auch ein gut erhaltenes Exemplar der Folio-Ausgabe von 1623, das von dem ehemaligen Eigenthümer in einer besonderen Broschüre beschrieben wurde, und worüber auch ein Bericht in Justin Winsor's „A Bibliography of the original Quartos and Folios of Shakespeare. With particular reference to copies in America" nachzulesen ist.

Ein Katalog aller Shakespeareana in der Bostoner Stadtbibliothek erschien 1880 unter dem Titel „Catalogue of the works of William Shakespeare original and translated, together with the Shakespeareana embracing in the Barton Collection of the Boston Public Library. By James Mascarene Hubbard." Dieser Katalog, der eine Masse werthvoller Notizen aus der Feder des Kompilators enthält, füllt 227 zweispaltige Oktavseiten und ist als ein Meisterwerk auf dem Gebiete der Bibliographie anzusehen. Ebenso enthält die sogenannte Lenox Library im Staate Massachusetts ein große Auswahl Shakespeareana.

Von allen amerikanischen Städten hat unstreitig Philadelphia die reichhaltigsten und werthvollsten Shakespeare-Bibliotheken aufzuweisen. Die Pennsylvania University daselbst hat eine eigene Abtheilung für Shakespeareana, die besonders reich an fremdsprachlichen Werken ist, und die vor einigen Jahren durch den Ankauf der Bibliothek des verstorbenen Prof. Allen bedeutend vergrößert wurde. Dann befindet sich in jener Stadt die reichhaltige Shakespeare-Bibliothek des Parker Norris, eines tüchtigen Textkritikers, der früher in Robinson's „Epitome of Literature" einer Zeitschrift, die seit einigen Jahren mit der Bostoner „Literary World" verschmolzen ist, die „Shakespearean Gossip" rebigirte, und der auch eine Bibliographie der Bildnisse Shakespeare's veröffentlichte. (Philadelphia 1879). Dann ist zu erwähnen die Sammlung des am 6. Mai 1879 verstorbenen Asa F. Fish, worüber sich in Robinson's Epitome of Literature" vom 1. Januar 1879 ein ausführlicher Artikel befindet. Fish war 27 Jahre lang Präsident der Shakespeare-Gesellschaft von Philadelphia, eines Vereins, dessen Mitgliederzahl durch die Konstitution auf zwölf festgesetzt ist. Die Mitglieder feiern jährlich den Geburtstag ihres Dichters am 23. April durch ein großes Festessen, dessen Speisekarte aus poetischen Citaten jenes Shakespearischen Werkes zusammengestellt ist, das sie während des Winters gemeinschaftlich gelesen und studirt haben. Das einzige Werk, das unter den Auspicien jener Gesellschaft veröffentlicht wurde, und das jetzt so selten geworden ist, daß ein Exemplar mit Silber aufgewogen werden muß, heißt „Notes of Studies on the Tempest" (1866). Die Gesellschaft selber ist nur im Besitze einer bescheidenen Büchersammlung, doch stehen den Mitgliedern die Bibliotheken von Fish und Furneß bereitwillig zur Disposition. Von der ersten Folio-Ausgabe besaß Fish kein Originalexemplar, wohl aber dem durch Staunton veranstalteten photolithographischen Abdruck derselben. Die Ausgaben einzelner Dramen hatte sich Fish mit Papier durchschießen lassen, und die zahlreichen in dieselben eingetragenen handschriftlichen Bemerkungen legen Zeugniß ab von der liebevollen Hingabe des Verfassers an seinen Lieblingsschriftsteller. Die Mitglieder jener Gesellschaft gehören fast ohne Ausnahme dem Advokatenstande an; auch Horace Howard Furneß, der verdienstvolle Herausgeber der berühmten „Variorum Edition," studirte ursprünglich Jurisprudenz, kam jedoch durch Heirath in solche Verhältnisse, daß er sich mit der praktischen Ausübung seines Berufes nicht abzuquälen brauchte.

Ueber Furneß' Bibliothek befindet sich im Jahrgang 1878 von Robinson's „Epitome of Literature" ein ausührlicher Bericht. Die Zimmer, in benen dieselbe untergebracht ist, zeichnen sich durch eine wahrhaft fürstliche Einrichtung aus. Furneß hat in allen bedeutenden Städten Europas Agenten, die ihm eine jede neue Ausgabe irgend eines Werkes von Shakespeare, jede Programmabhandlung, ja, jede Zeitung, die nur eine einzige Notiz über Shakespeare enthält, einsenden müssen. Auch besitzt Furneß eine Anzahl Shakespeare-Reliquien, worunter Shakespeare's Handschuhe und ein Schädel, der lange Zeit in den Hamletvorstellungen des Walnutstraßen-Theaters gebraucht wurde, und auf dem sich die Namen der Schauspieler Kean, Kemble, Booth, Forrest, Cushman, Davenport, Murdoc und Brooks befinden, wohl die bedeutendsten sein dürften. Shakespeare's große, hirschlederne, mit Gold gestickte Handschuhe, die früher im Besitze von Garrick, Sibbons und Kemble waren, werden in einem Glaskasten aufbewahrt und auf einem dabei liegenden Zettel steht zu lesen, daß dieselben im Jahre 1769 Garrick von Frau Hart, welche in direkter Linie von Shakespeare's Familie abstammte und in Anna Hathaway's Cottage zu Shottery geboren war, geschenkt wurden. Shakespeare soll diese Handschuhe oft getragen haben. Frau Garrick schenkte sie nach dem Tode ihres Gemahls der Frau Sibbons; späterhin gingen sie in den Besitz der Frau Kemble über, die sie dem gegenwärtigen Eigenthümer schenkte. Weitere Bemerkungen über diese Reliquien befinden sich in Frau Dall's „the Romance of Association" (Cambridge Mass. 1875).

In Furneß' Bibliothek befinden sich Originalexemplare aller Folioausgaben und eine sehr große Anzahl der ältesten Drucke einzelner Werke; von den neueren Ausgaben und Erklärungsschriften wird man in jener Sammlung schwerlich ein Exemplar vermissen, wie dies ja auch die jedem Bande der „variorum edition" beigegebenen Biographien bekunden. Furneß ist fernerhin der Besitzer einer nur im Manuscripte

existirenden Rede, die einst Charles Cowden Clarke über Shakes=
peare hielt, und wozu Leigh Hunt eine Anzahl handschrift=
licher Bemerkungen machte. Ueber Furneß' Verdienst um die Shakespeare=Forschung
werden wir später ausführlicher sprechen.

Eine andere, außerordentlich reichhaltige Shakespeare=
Bibliothek besitzt Joseph C r o s b y, ein Materialwaaren=Händler
und Versicherungs=Agent zu Hanesville im Staat Ohio.
Crosby hat seit zwanzig Jahren daran gesammelt und weder
Mühe noch Kosten gescheut, sich in den Besitz irgend eines
käuflichen Werkes zu setzen, das ihm bei seinem Lieblings=
studium von Nutzen sein konnte. Und daß er von seiner
Bibliothek fleißig Gebrauch gemacht hat, das zeigen seine
Aufsätze und Notizen in „Literary World" und der Antheil,
den er an Furneß' und Hudson's Shakespeare=Arbeiten hat,
was die Betreffenden auch geeigneten Ortes dankbar aner=
kannt haben. Ein selbständiges Werk hat jedoch Crosby
bis jetzt noch nicht veröffentlicht.

Die Shakespeare=Bibliothek des in New=York verstorbenen
William E. B u r t o n, deren von J. Sabin zusammengestellter
Katalog 72 Druckseiten füllt („Shakespeareana Burtonensis,"
New=York 1860), blieb leider nicht als Ganzes erhalten;
doch sind die meisten Werke in Amerika geblieben und haben
zur Vervollständigung anderer Sammlungen gedient. Auf
Shakespeare=Reliquien ist der Amerikaner versessen wie der
Teufel auf eine arme Seele. Daß Shakespeare's Wohnung
in Stratford englisches Nationaleigenthum wurde, ist lediglich
dem Umstande zuzuschreiben, daß sie einst Barnum kaufen
und nach Amerika bringen lassen wollte. Reist der Ameri=
kaner nach Europa, so vergißt er sicherlich nicht, Stratford
einen kurzen Besuch, denn er ist ja meistentheils in großer
Eile, abzustatten. In London besieht er sich die Westminster=
Abtei und giebt sich an Johnson's, Garrick's und Sheridan's

Grabmälern flüchtigen Todesbetrachtungen hin, von denen er sich an Parr's Denkmal wieder befreit, denn dasselbe sagt ihm, daß es möglich sei, das menschliche Leben noch über die Grenze des Psalmisten hinaus auszudehnen. Dann sieht er den Tower, geht nach Southwalk und spaziert durch die Clintonstraße, in der einst Shakespeare wohnte, und in der vormals Goldsmith Medizin zu practiciren versuchte. Dann aber fährt er nach Stratford am Avon und stattet dem so oft reparirten Hause Shakespeare's in der Henleystraße einen Besuch ab. Er betritt das niedrige Zimmer, in dem der Dichterkönig das Licht der Welt erblickt haben soll, schreibt vielleicht auch seinen Namen zu den zahlreichen anderen seiner Landsleute an das schwarze Gebälk und küßt womöglich den Fußboden. Auch setzt er sich einige Augenblicke in den Sorgenstuhl Shakespeares und giebt sich stillen Betrachtungen hin. Versteht er es, sich mit der alten Verwalterin auf guten Fuß zu stellen, so reicht ihm dieselbe zum Abschiede ein aus den Blumen, die Ophelia in ihrem Wahnsinn austheilte, bestehendes Sträußchen. Verspätet er sich für den am Abend nach London zurückfahrenden Eisenbahnzug, so logirt er sich in dem Stratforder Gasthause ein, dessen Zimmer „der Poesie wegen" statt Nummern die Namen Shakespeare'scher Helden und Heldinnen führen. Auch kauft er sich in einer Kuriositätenhandlung irgend einen Gegenstand, der nach der schriftlichen Versicherung des Verkäufers aus dem Hause Shakespeare's stammt. Kein Wunder, daß in den gelesensten amerikanischen Monatsschriften so häufig illustrirte Reiseberichte über Stratford erscheinen. Wenn auch jene Berichte zuletzt das längst Bekannte nur in anderer Fassung wiederholen, so tragen sie doch unstreitig ein gutes Theil dazu bei, den Sinn für Shakespeare wach zu halten.

Einen großen Antheil an der Popularisirung Shakespeare's in Amerika haben fernerhin die Geistlichen, besonders diejenigen, die einer liberalen Richtung angehören. Der berühmte Unitarierprediger Channing erzählt, daß zur Zeit, als er am Harvard College studirte (1794—98), seine Mitschüler sich eifrig mit der Lectüre Shakespeares beschäftigten. Der nun verstorbene John Weiß, der Nachfolger Parker's in Boston, der sich auch durch eine englische Uebersetzung von Goethe's westöstlichem Divan großes Verdienst erworben hat, hielt in mehreren amerikanischen Städten Vorlesungen über Shakespeare, die auch zum größten Theile im Drucke erschienen, im Allgemeinen aber keine günstige Aufnahme fanden. James M. Hoppin, Professor der Pastoraltheologie am Yale College, spricht sich in seinem Werke „The Office and Work of the Christian Ministry" (New-York, 3. ed. 1879) energisch für das Studium Shakespeare's aus; wer sich in seinen Predigten einer gewählten Sprache bedienen wolle, solle erst bei Shakespeare in die Schule gehen und dafür lieber etwas weniger Latein und Griechisch lernen. Der Prediger müsse seine Muttersprache in der Gewalt haben, und daß man dies ohne die Kenntniß klassischer Sprachen erzielen könne, zeigten uns Männer wie Benjamin Franklin, Hugh Miller, John Bunyan, Goldsmith, Greeley, Bayard Taylor u. s. w. Um seinen Stil und seine Ausdrucksweise zu bilden, dürfe sich der Theologe nicht an die wissenschaftlichen Werke seines speciellen Faches halten, denn dieselben würden seine schlechtesten Führer sein. Der Geistliche solle mit den besseren Werken der englischen Literatur gründlich vertraut sein und Chaucer und Shakespeare besondere Aufmerksamkeit geschenkt haben. Das heißt brav gesprochen!

Der Theologe Dr. Emmons hielt das Lesen der Shakespeare'schen Werke für die beste Vorbereitung zu seinen Predigten. Shakespeare war ihm ein Verkündiger der Humanität; er zeigt uns den Menschen als Ganzes, das da aus Gutem und Bösem, Weisheit und Irrthum, Stärke und Schwäche zusammen gesetzt ist. Shakespeare's Werke bleiben ewig frisch und wie das Gebot der Liebe ewig neu. Sie und die Bibel sind daher das vereinigte Evangelium der Amerikaner. Dr. John Sharp, der zur Zeit der Königin Anna lebte, pflegte zu sagen, daß ihn Shakespeare und die Bibel zum Erzbischof von York gemacht hätten.

Hält man die Ansichten, die der eben angeführte Professor Hoppin von der Bildung und Privatlektüre der Geistlichen hat, z. B. mit denen zusammen, die Professor Walther, ein Theologe, der noch viel lutherischer als Luther ist, in seiner „amerikanisch-lutherischen Pastoraltheologie" (St. Louis 1875) entwickelt, so kann man sich nicht genug über den diametralen Gegensatz beider verwundern. Walther schreibt da den Geistlichen seiner Sekte ausdrücklich vor, daß sie nichts zu thun haben sollten mit Musik, Malerei und sonstigen gelehrten Studien; auch sollten sie sich der Schriftstellerei enthalten und überhaupt kein Steckenpferd reiten. Es erinnert dies lebhaft an die verflossenen preußischen Schulregulative. Ja, die alten Klassiker sind den engherzigen Buchstabengläubigen noch immer ein Dorn im Auge, und sie kennen die Gründe dafür sicherlich genau. Wenn besagter Prof. Walther übrigens auch seine Schriftstellerei einstellte, so würde er der Kultur einen Dienst erweisen. Dem Dr. Ebrard in Erlangen kann man sicherlich nichts weniger als Freisinnigkeit zum Vorwurfe machen, und doch ist er ein begeisterter Anhänger Shakespeare's.

Da ist denn doch den Zöglingen des lutherischen Seminars zu Gettysburg in Pennsylvanien ein viel weiterer Spielraum in Bezug auf literarische Selbstbeschäftigung gelassen, was daraus hervorgeht, daß von ihnen zur Gewinnung des jährlich für die beste literarische Abhandlung gestifteten Gräff-Preises mehrmals Shakespeare'sche gewählt worden sind. Jene im Drucke erschienenen Aufsätze haben allerdings kaum Anspruch auf hohe Bedeutung, aber sie legen doch sicherlich ein empfehlendes Zeugniß von der Geschmacksrichtung der zukünftigen Geistlichen ab. Fernerhin zeigt dieser Umstand, daß sich jene Studenten die amerikanische Phrase „Shakespeare und die Bibel" zur Richtschnur gewählt haben. Und warum denn auch nicht? Ist doch Shakespeare selber ein fleißiger Leser der Bibel gewesen, wie uns das in England Eaton und Wordworth, und in Amerika Rees und Gilman in besonderen Werken an der Hand zahlreicher Parallelstellen klar und deutlich bewiesen haben.

Daß Shakespeare Juristerei studirt haben muß, haben uns in England Rushton und Lord Campbell, und in Amerika Franklin, F. Heard in seiner 1865 zu Boston erschienenen Broschüre „Legal Acquirements of Shakespeare" „bewiesen"; daß er Mediciner oder doch wenigstens in den leicht zu fassenden Geist der Medicin eingedrungen war, zeigten Dr. Bucknill und der Newyorker Arzt Stearns; daß er eine ausgedehnte Belesenheit im Buche der Bücher besaß und außerdem ein Protestant von ächtem Schrot und Korn war, will James Rees in Philadelphia, der Verfasser einer Biographie des Schauspielers Edwin Forrest, in dem Werkchen „Shakespeare and the Bible" (Philadelphia 1876) seinen Lesern klar machen. Die darin angeführten Parallelstellen sind jedoch in den meisten Fällen an den Haaren herbeigezogen und zeigen, daß der Kompilator unter jeder Bedingung das finden wollte, worauf er einmal Jagd machte; einigen Sentenzen Shakespeare's hätte er gerade so gut Sprüche aus dem Havamal oder dem Dhammapada gegenüber stellten und somit den Beweis liefern können, daß der große Brite in der Edda und der buddhistischen Literatur bewandert gewesen sei. Ein Shakespeare-Kenner ist Rees jedenfalls nicht und ein Kenner der durch Shakespeare hervorgerufenen Literatur noch viel weniger. Auch Arthur Gilman in Boston, dem die Welt eine gute kritische Ausgabe der Werke Chaucer's verdankt, hat mit seiner Schrift „Shakespeare's Moral" (Newyork 1880) kein besonderes Glück gehabt.

In Amerika hat man auch Shakespeare sogar zum Apostel der Temperenz, resp. der Abstinenz, gemacht. Man muß es den amerikanischen Temperenzlern lassen: an Rührigkeit, planvollem Auftreten und klarer Begründung ihrer Ansichten können sie mancher, anderen Zwecken dienenden Organisation zum Muster dienen; auch haben sie unstreitig die Wohlfahrt der Masse im Auge, vergessen aber stets, daß ihre ganze Agitation sich mit der Idee persönlicher Freiheit schwer vereinbaren läßt, und daß sie im Grunde genommen dadurch nur die individuelle Heuchelei, die hier so wie so schon auf die Spitze getrieben ist, noch mehr befördern.

Der Ausdruck „Temperenz" wird überhaupt ganz verkehrt angewandt; denn jene Wasserapostel verstehen darunter nicht etwa Mäßigkeit, sondern vollständige Enthaltsamkeit von allen geistigen Getränken, mithin also Abstinenz. Es ist merkwürdig, welche Gelehrsamkeit jene Menschen zur Aufrechterhaltung ihrer baroken Ansichten verschwenden; die Dichter und Philosophen, welchen sie mitunter Citate entnehmen, würden sich im Grabe herumdrehen, wenn sie erführen, in welchem falschen Lichte sie die Nachwelt betrachtete.

Eins der neuesten dieser Werke führt den Titel: „The divine Law as to Wines" (New-York 1880) und hat den früheren Präsidenten der Columbia Universität zu Washington, Hrn. G. W. Samson, zum Verfasser. Es zeichnet sich dieses Buch vor anderen die Abstinenz befördernden Machwerken vor allen Dingen dadurch aus, daß die Deutschen darin nicht verunglimpft werden; denn der Verfasser ist ein großer Verehrer deutscher Wissenschaft und Forschung und zollt derselben bei jeder Gelegenheit die höchste Achtung; aber er kann doch auch nicht umhin, die in der „Germania" des alten Tacitus auf die Neigung der Deutschen zur Völlerei sich beziehende Stelle anzuführen. Nachdem Samson das Verhalten des Odysseus im Hause der Circe als nachahmungswürdiges Beispiel aufgezählt und zahlreiche poetische Citate aus alter und neuer Zeit angeführt hat, wagt er es auch, das Haupt Shakespeare's nachträglich mit dem Lorbeerkranze der Temperenz zu schmücken. Er wählt dazu eine Stelle aus „Hamlet," also aus einem Trauerspiele, in dem der Held der germanischen Rasse angehört, die sich von jeher durch ihren Abscheu vor ehelicher Untreue und ihrem Hange zur Trunkenheit auszeichnete. Aber hier tritt Hamlet nicht auf als einer, der in Wittenberg zu viel in den Schenken saß, wie Freiligrath in seinem bekannten Gedichte schreibt, sondern er zeigt uns hier ein ganz anderes Gesicht. Doch wir wollen die betreffende Stelle aus der vierten Scene des ersten Aufzuges nach Bodenstedt's Uebersetzung hier mittheilen.

Hamlet.

Der König wacht zur Nacht, hält Trinkgelag,
Und taumelt lärmend einen Tanz bazwischen;
Und wie er Züge Rheinweins niedergießt,
Verkünden schmetternd Pauken und Trompeten
Des Schwelgetrunks Triumph.

Horatio.

Ist das hier Brauch?

Hamlet.

Ja freilich; doch wie ich darüber denke,
Obgleich ich hier geboren und erzogen
In solcher Weise bin, ist es ein Brauch,
Mehr ehrenvoll zu brechen als zu halten.
In Ost und West bringt dies hirnbürst'ge Schwelgen
Uns in Verruf und Spott bei andern Völkern,

Man nennt uns Trunkenbolde, hängt ein Schmutzwort
An unsere Namen; und fürwahr es nimmt
Von unsren Thaten, sei'n sie noch so herrlich,
Den Kern, das Mark, die Seele ihres Werths.

Damit soll denn Hamlet, resp. Shakespeare, zum Temperenzapostel gestempelt werden. Es erinnert uns dies lebhaft an die zahlreichen Versuche der Spiritualisten, Atheisten, Katholiken u. s. w., ihn zu einem der ihrigen zu machen. Shakespeare läßt eben die verschiedenartigsten Charaktere auftreten, und in der Zeichnung derselben ist er ein unübertroffener Meister; in jedem Ausspruche aber die individuellen Ansichten des Dichters zu wittern, ist ein Verfahren, das auf keine Weise gut geheißen werden kann. In Shakespeare findet ein Jeder, was er sucht; denn es giebt keine Saite des Herzens, die er nicht angeschlagen hätte. Auch der Liebhaber eines Gläschen Weins, ja, sogar der hartnäckigste Trunkenbold könnte sich mit demselben Rechte auf ihn berufen, wie der Temperenzler oder Abstinenzler. So heißt es z. B. im „Othello," Akt II. Sc. 3:

„Geht, geht! Guter Wein ist ein gutes, umgängliches Geschöpf, wenn man anständig damit umgeht!"

Was aber würden jene Wassersimpel zu dem Zwiegespräch zwischen den Junkern Tobias und Andreas in „Was ihr wollt" („Twelfth Night." Akt II, Sek. 3) sagen?

Tobias.

Tretet näher Junker Andreas. Wer nach Mitternacht nicht zu Bette ist, der ist früh auf, und diluculo surgere, weißt Du —

Andreas.

Nein, auf mein Wort, ich weiß es nicht; aber ich weiß spät aufbleiben, ist spät aufbleiben.

Tobias.

Ein falscher Schluß! Ich hasse ihn wie eine leere Kanne. Nach Mitternacht auf sein und dann zu Bette gehen, das ist früh; wer also nach Mitternacht zu Bette geht, der geht bei Zeiten zu Bett. Besteht unser Leben nicht aus den vier Elementen?

Andreas.

Ja, sie sagen's, ja; aber ich meine, es besteht eher aus Essen und Trinken.

Tobias.

Du bist ein Gelehrter; also laß uns essen und trinken. — Maria, sag' ich, ein Stübchen Wein.

Da würden sie gerade so schimpfen, wie die christlichen Mucker über die in jener Komödie enthaltene Strafpredigt gegen die Pietisten, und sich hinter die Ausrede verstecken, daß man es mit solchen Ausdrücken nicht so genau nehmen dürfe.

Uebrigens gedenkt Shakespeare der Trinklust der Deutschen auf viel kräftigere Weise als in „Hamlet" im „Kaufmann von Venedig" und zwar in der zweiten Scene des ersten Aktes. Da diese Stelle den deutsch-feindlichen Temperenzlern vielleicht von Nutzen sein könnte, so führen wir sie hier vollständig an.

Nerissa.

Wie gefällt euch der junge Deutsche, der Neffe des Großherzogs von Sachsen?

Porzia.

Sehr abscheulich des Morgens, wenn er nüchtern ist, und höchst abscheulich Nachmittags, wenn er betrunken ist; in seinem besten Zustande ist er ein bischen schlechter als ein Mensch und in seinem schlechtesten Zustande ein bischen besser als ein Thier. Selbst wenn das denkbar Schlimmste geschehen sollte, hoffe ich doch von ihm loszukommen.

Nerissa.

Wenn er aber nun wählen wollte und das rechte Kästchen wählte, so würdet Ihr Euch ja weigern, Eures Vaters Willen zu vollziehen, wenn Ihr Euch weigert, ihn zu nehmen.

Porzia.

Darum aus Furcht vor dem Schlimmsten, bitte ich Dich, setze einen Römer voll Rheinwein auf das falsche Kästchen; denn wenn auch

2*

der Teufel darin säße und die Versuchung draußen: ich weiß, er wird es wählen. Ich will alles eher thun, Nerissa, als mich an einen Schwamm verheirathen.

Das ist allerdings kein schönes Compliment für uns. Unsere deutschen Literarhistoriker haben dies jedoch dem großen Briten nicht übel genommen, sondern im Gegentheil von Jahr zu Jahr mit einem erstaunlichen Bienenfleiße dahin gearbeitet, daß seine Werke im In- und Auslande besser verstanden und gewürdigt wurden. Nach der Behauptung eines gewissen Dr. Bell soll sich ja Shakespeare auch einst drei Jahre in Deutschland aufgehalten, die deutsche Literatur studirt und die erste Idee zu seinem „Hamlet" aus einem Stücke von Hans Sachs geschöpft haben; ob jener „Gelehrte" nun auch die Thatsache, daß Shakespeare die Trunksucht der Deutschen so genau bekannt war, zu den Beweisen seiner Behauptung gezählt hat, können wir leider nicht angeben.

Uebrigens haben die Temperenzler zuletzt noch am wenigsten Recht, sich auf Shakespeare zu berufen. Wir wissen allerdings sehr wenig von seinem äußeren Leben; aber das Wenige, was wir wissen, reicht hin, um sagen zu können, daß er nichts weniger als ein Heiliger war. Wenn er es dann und wann für nöthig fand, einen Abstecher nach Stratford zu machen, kehrte er in Orford gewöhnlich bei der lieblichen Kronenwirthin ein und unterhielt sich auf das Angenehmste mit ihr. Kein Wunder, daß John Davenant, ihr Gemahl, stets so niedergeschlagen und melancholisch war. Shakespeare aber war sicherlich nicht der Mann, der in ein Gasthaus ging, um Wasser zu trinken; es erforderte schon im diesem Falle die gute Lebensart, daß er seine Freundin zu einem Glase Wein einlud. Sicherlich hat er auch niemals vom schlechtesten bestellt. Shakespeare's Biographen sind ferner darüber einig, daß er sich seinen frühen Tod dadurch zuzog, daß er in Gesellschaft seiner Freunde Drayton und Ben Jonson der Tafelfreude einst zu sehr huldigte.

Da wären denn doch die Wucherer und schlechten Ehemänner eher berechtigt, sich auf ihn zu berufen. Die ersteren könnten darauf hinweisen, daß er, der reiche, unabhängige Gentleman, einst einen saumseligen Schuldner wegen einer Bagatelle verklagte, und letztere könnten anführen, er habe seiner rechtmäßigen Gattin ja nur sein zweitbestes Bett testamentarisch vermacht.

Auch Herr A. B. Richmond, ein alter Advokat und Temperenzagitator zu Meadville, Pa., führt in seinem den im Dienste der Enthaltsamkeit stehenden Betweibern gewidmeten Werke „Intemperance, the great source of crime" (1879) mehrere Stellen aus Shakespeare zur Unterstützung seiner Ansichten an; ja, er versteigt sich sogar zu einer Parodie der Hexen-Unterhaltung, wie sie sich im „Macbeth," Akt IV, Sek. 1, findet. Aber Richmond hat mit drei Hexen nicht genug, sondern er führt uns vier vor, die in diesem Falle natürlich auch männlichen Geschlechtes sein müssen, wozu er vielleicht auch deshalb berechtigt ist, weil die Shakespeare'schen Hexen mit dünnen Kinnbärten behaftet sind. Richmond's „Hexen" sind der Destillateur, der Läuterer (rectifier), der Mischer und der lizentiirte Verkäufer. Sie brauen aus dem Giftgekrös der Kröte, der sumpferzeugten Schlangenbrut, dem Molchsauge, dem Blindschleichstachel, der Eidechspfote, der Lunge eines Lästerjuden u. s. w. dasjenige Getränk, das der Indianer Feuerwasser nennt und das im gewöhnlichen Leben den prosaischen Namen „Schnaps" führt. O, hätten Shakespeare und seine lustigen Freunde doch eine Ahnung von der späteren Anwendung dieser Verse gehabt, sie hätten sicherlich auf das „Unwohl" des Missethäters im Voraus noch ein paar Flaschen Wein geleert. Nein, Shakespeare paßt so wenig unter die Temperenzler, wie der selige Brigham Young unter die Shakers.

Zum Swedenborgianer sucht E. A. Hitchcock in dem Werke „Remarks on the Sonnets" den englischen Dramatiker zu machen; daß er ein wohlverwandter Geist der Spiritualisten war, ist ebenfalls zur Genüge gezeigt worden.

Der vielseitige Brite muß allen knieschwachen Glaubenssekten als starke Stütze bienen, und es ist wahrhaft erstaunlich, wie sich die schriftstellernden Mitglieder solcher Duodezkirchen stets anstrengen, aus irgend einer Stelle Shakespeare's die Richtigkeit ihrer speciellen Ansichten zu beweisen. Shakespeare's Dichtermantel hat ja so unendlich viele Falten, daß zuletzt ein jeder Dunkelmann darin eine Zufluchtsstätte finden kann, besonders aber wenn er sich unsäglich bemüht, eine solche mit aller Gewalt aufzufinden.

Professor Shields macht ihn in seinem dickleibigen Werke „The Final Philosophy" (New-York 1879) zum Vertheidiger des Offenbarungsglaubens und der „übernatürlichen Wahrheiten" des Christenthums, dem der gefährliche Geist des Skepticismus in tiefster Seele verhaßt ist. Als Belegstelle dafür dient ihm der Ausspruch des alten Edelmannes Lafeu in „Ende gut, Alles gut," Akt 2, Sc. 3:

„Man sagt, es geschähen keine Wunder mehr, und es fehlt uns ncht an philosophischen Köpfen, die übernatürliche und unerklärliche Dinge als gewöhnlich und harmlos darstellen. Daher kommt es, daß wir mit Schrecknissen Spiel treiben und uns hinter eingebildetem Wissen verschanzen, wenn wir einem unbekannten Furchtbaren uns unterwerfen sollen."

Doch Prof. Shields, der presbyterianische Philosoph, weiß Shakespeare auch noch zur Unterstützung anderer Ansichten zu benutzen. Nach Dr. Tholuck's phantastischen Bemerkungen sollten die erlösten Seelen in den Ebenen der Planeten Venus und Mars sich einer paradiesischen Existenz erfreuen, währenddem die verlorenen und verdammten in den traurigen Wüsten Jupiters und in den dunklen Felsenrissen des Mondes ihr elendes Dasein hinschleppen sollten.

Dr. Kurtz weist in seiner „Biblischen Astronomie" die Fix=
sterne den reinen Engeln als Wohnort zu, woselbst sie dem
Throne des Allmächtigen am nächsten sind. Da nun die
Bewohnung der Gestirne durch Engel eine Herrn Shields
außerordentlich zusagende Idee ist und er dafür gerne möglichst viele Gewährsmänner ins Feld führen möchte, so ist
es kein Wunder, daß er sich wieder an Shakespeare vergreift,
dessen Worte

„There's not the meanest orb, which thou beholdst,
But in his motion like an angel sings,
Still quiring to the young-eyed cherubims;
Such harmony is in immortal souls,"

dann dem betreffenden Zwecke dienen sollen.

Nun, es ist eine alte Sache, daß jeder Leser aus einem
anziehenden Buche schließlich nur sich selbst herausliest.
Dies haben denn auch seit geraumer Zeit unter Anderen die
sogenannten Spiritualisten fertig gebracht; ja, sie haben noch
viel mehr gethan: sie sind mit dem Geiste Shakespeare's in
direkte Verbindung getreten, und haben sich von ihm die ihm
inzwischen klar gewordenen neuen Wahrheiten mittheilen lassen.

Die Spiritualisten haben sich überhaupt eine hohe Auf=
gabe gestellt: sie wollen den Schleier lüften, der vor dem
unbekannten Jenseits hängt, und die Lebenden mit den Todten
in einen Wechselverkehr bringen, aus dem die ersteren dann
selbstverständlich den Hauptnutzen ziehen sollen. In mancher
Hinsicht wäre es am Ende gar nicht übel, wenn sie dies
fertig brächten. Da würden uns viele Geheimnisse, mit
denen sich die Menschheit von jeher nutzlos abgequält hat,
in less than no time enthüllt und wir könnten mit der
Zeit ein wahrhaftes Schlaraffenleben führen. Die Philo=
sophie des Unbewußten würde bald in der Rumpelkammer
schlummern und wir Alle im höchsten Lichte wandeln. Den
beschwerlichen Weg nach dem Parnasse brauchte Niemand

mehr zu unternehmen: die Medien besorgten uns stets die neuesten Produkte der heimgegangenen Classiker; denn man kann doch sicher annehmen, daß sie seit der Zeit, in der sich ihre Seele von der irdischen Hülle trennte, nicht ganz und gar müßig gewesen sind. Da es nach der Ansicht der Swedenborgianer, die mit den Spiritualisten enger verbrüdert sind, als sie zugeben wollen, im Jenseits beständig höhere Stufen der Entwicklung gibt, so wäre es ja eine bodenlose Anmaßung, wenn sich etwa ein poetischer Zeitgenosse, dem noch der Staub des Erdenlebens anklebt, mit den abgeschiedenen Geisteshelden in einen schöngeistigen Wettkampf einlassen wollte. Wie könnte da ein Schauspieldichter mit den in einem fabelhaften Grade gereifteren Produkten z. B. eines Shakespeare concurriren?

Doch diese Hoffnungen sind durch die bisherigen Mittheilungen der Medien elendiglich zu Schanden geworden. Ja, wir unserestheils wären schon zufrieden, wenn es die Herren Spiritualisten in Folge ihres Umgangs mit den Größen aller Zeiten, Völker und Länder bis jetzt wenigstens dahin gebracht hätten, daß sich ihnen Shakespeare so weit manifestirt hätte, um uns irrende Sterbliche über die vielen räthselhaften textkritischen Schwierigkeiten seiner Werke, an denen bis jetzt so viel Scharfsinn und Gelehrsamkeit vergeudet worden ist, hinweg zu helfen. Doch Shakespeare war eine aristokratisch angelegte Natur und mag diesen Charakterzug wohl auch im Jenseits beibehalten haben, so daß er es nicht für der Mühe werth hält, auf jede Frage gleich mit der erwünschten Antwort bei der Hand zu sein. Dem verstorbenen Horace Greeley gefiel er auch nie sonderlich, weil er ein Tory war*), wohingegen sich Vohse die erdenklichste Mühe

---

*) Siehe den Aufsatz „Poets and Poetry" in Greeley's „Recollections of a busy Life," New-York 1868.

gab, Shakespeare als Whig zu verewigen. Daß Shakespeare selber außer an Hexen und Hexerei an den Verkehr der Geister mit den Menschen glaubte, hat er nach Epes Sargent*) hauptsächlich dadurch bewiesen, daß er Hamlet mit dem Geiste seines gemeuchelten Vaters offen verkehren läßt.

Warum also sollte es nicht möglich sein, sich mit dem Geiste Shakespeares in Verbindung zu setzen? Dies ist denn auch wirklich mehrmals versucht worden, jedoch mit sehr ungünstigen Resultaten. Der Geisterseher Andrew Jackson Davis läßt Shakespeare in seinem Buche „The present age and inner life" (Boston 1869) als „Schilderer der Leidenschaften" am internationalen Congresse der Spiritualisten theilnehmen, aber ohne daß er ein Sterbenswörtchen zu sagen hat.

Auch Herr Kibble, der ehemalige Superintendent der öffentlichen Schulen der Stadt New-York, der in Folge des Todes seiner Lieblingstochter sich den Spiritualisten in die Arme warf, um bei ihnen Trost zu suchen, hat, wie er in seinen „Spiritual Communications" mittheilt, auch mit Shakespeare häufig Umgang gepflogen, aber auch nichts von Bedeutung von ihm erfahren. So weit unsere Bekanntschaft mit der spiritualistischen Literatur geht, ist dies Glück nur der Lizzy Doten geworden, die in ihren „Poems from the inner life", die uns in der 6. Auflage (Boston 1868) vorliegen, unter anderen zwei von Shakespeare im Jenseits verfaßte Gedichte mittheilt. In der Vorrede erklärt jenes Fräulein, von Jugend auf sei ihr Nervensystem so außerordentlich fein organisirt gewesen, daß sie befähigt war, mit den Mitgliedern der Geisterwelt in Verkehr treten zu

---

**) Siehe dessen anonym erschienene Schrift „Planchette, or the despair of science." Boston 1869.

können. Da sie von Natur aus mit einer beachtungswerthen poetischen Aber begabt gewesen, so zog sie nach dem alten Grundsatze, daß sich gleich und gleich gerne gesellt, natürlich vorzugsweise die Geister der Dichter an, deren neueste Produkte sie in dem genannten Buche der Mitwelt überlieferte. Sie war einfach nur die passive Harfe in den Händen unsichtbarer Mächte, und ertönte nur, wenn ihre Saiten von denselben angeschlagen wurden. In Bezug auf ihren geistigen Umgang mit Shakespeare, sagte sie, daß sich derselbe leider ein zu schwaches Instrument für seine Mittheilungen gewählt habe, und hofft zuversichtlich, daß mit der Zeit ein Medium auftauchen werde, das besser befähigt sei, Shakespeare's Ergüsse wiederzugeben. Das wäre allerdings zu wünschen, denn die beiden Proben, die Doten als Produkte des Briten ausgiebt, sprechen wahrhaftig nicht zu Gunsten desselben. Shakespeare wiederholt darin zu oft seine alten Sentenzen. Sein oder Nichtsein ist allerdings keine Frage mehr für ihn; schöner als der erhabenste Sommernachtstraum dehnen sich nun die elysischen Felder vor ihm aus, und dieselben werden durch keinen Sturm veröbet. Dort ist kein Macbeth, den der Ehrgeiz wahnsinnig gemacht hat und der blutige Thaten plant; auch wird kein Hamlet daselbst von dem Geiste seines Vaters erschreckt. In der Walhalla der Seelen ist der Liebe Lohn nicht verloren und jeder Romeo findet seine Julie. Die arme Menschheit schmachtet in Sünde und Elend; Shakespeare will daher ihr Antonius sein, der die Vergewaltiger ihres Friedens bekämpft. Gegen die wahre Humanität sei zu oft gesündigt worden, und man habe stets geglaubt, Gott dadurch einen Dienst zu erweisen. Das größte Unheil hat in dieser Hinsicht die Vereinigung einer falschen Philosophie mit einer falschen Theologie angerichtet; auch hat die allgemein verbreitete Furcht vor dem Tobe das ihrige dazu beigetragen. Und doch besänftigt der

Tod alle Schmerzen; er befreit den Sklaven, ermuntert den Schwachen, giebt Ruhe und Frieden, und gleicht alle Rangunterschiede aus, so daß der Bettler auf gleichem Fuße mit dem Könige steht. Es sind dies Ideen, die bekanntlich W. C. Bryant in seinem Gedichte „Thanatopsis" viel schöner ausgesprochen und anschaulicher gemacht hat.

Im zweiten Gedichte wendet sich Shakespeare an die sündige herz- und liebeskranke Welt, die so schwach geworden sei, daß ihr Magen die reine Wahrheit nicht mehr verdauen kann. Die gewöhnlichsten Dinge werden am seltensten verstanden, und nur durch schlimme Erfahrungen wird der Narr zuletzt klug. Die Liebe ist das heiligste Attribut der Gottheit und wer am meisten liebt, wird dereinst am gesegnetsten sein. Nur durch die Liebe, die da alle Teufel austreibt, arbeiten Kopf, Hand und Herz harmonisch zusammen und der Mensch wird ein einheitliches Ganze.

Man sieht hieraus zur Genüge, daß sich Shakespeare's Gedankenreichthum im Jenseits durchaus nicht vermehrt hat; auch hat die Macht, die er früher über die Sprache besaß, ganz merklich abgenommen, wie das jede Zeile deutlich beweist. Doch Doten hat sich durch eine billige Ausrede zu helfen gewußt; sie war eben ein zu schwaches Instrument für den überwältigenden Geist Shakespeare's, was letzterer jedoch selber hätte wissen sollen.

Die Frage, welcher Religion oder vielmehr welcher christlichen Sekte Shakespeare angehörte, ist für manche Amerikaner eine überaus wichtige Frage gewesen, die jeder natürlich nach seinem speciellen Geschmacke zu lösen suchte. Das wenige geschichtliche Material läßt verschiedene Deutungen zu, und aus Stellen seiner Dichtungen auf seine Religion schließen zu wollen, dürfte jedenfalls eine gewagte Sache sein. Man setze z. B. den Fall, es wären sämmtliche biographische Nachrichten über Goethe aus der Welt verschwunden, und es machten sich verschiedene Gelehrte daran, Goethes Sektenreligion auf Grund der Aussprüche in seinen Werken festzustellen; wäre da wohl an ein übereinstimmendes Resultat zu denken? Schmücken sich doch so wie so schon die Materialisten, Swedenborgianer, Darwinianer, Deutsch=katholiken und Gott weiß wer sonst noch mit Goethe'schen Citaten!

War Shakespeare Katholik oder Protestant? Dies ist der Kernpunkt der Frage, um die es sich hier hauptsächlich handelt. Daß er ersteres nicht war, sollen einige gegen die Unfehlbarkeitskirche gerichtete Stellen beweisen; aus demselben Grunde aber könnte man auch Walther von der Vogel=weide, der doch sicherlich viel schärfer und bestimmter den Uebergriffen des Papstthums entgegentrat, zum Protestanten stempeln. Auch Freidank, der Verfasser der „Bescheidenheit", der auf dem Boden mittelalterlicher Kirchlichkeit stand und sich als Vertheidiger mehrerer Dogmen aufwarf, trat als ge=harnischter Feind des Papstes Gregor und der Habgier der römischen Kurie auf, war aber trotzdem ein Katholik. Neuer=dings hat ein deutscher Jesuit aus Longfellow's Schriften herausgelesen, daß dieser amerikanische Dichter im Herzen ein echter Katholik sei!

Shakespeare gehört einfach keiner Sektenreligion an, sondern er steht auf rein menschlichem Standpunkte; er ist der Vertreter einer philosophischen, aber keiner romantisch=theologischen Weltanschauung. Seine Helden stehen auf ei=genen Füßen und sind Repräsentanten ihrer eigenen Indi=vidualität, aber nicht der des Verfassers. Shakespeare lebte in einer durch die Reformation hervorgerufenen neuen Geistes=ära und war Zeitgenosse eines Kepler, Galilei und Bacon. Wo er Gelegenheit hat, legt er schonungslos das heuchlerische Treiben der Pfaffen bloß, welche, wie Ophelia sagt, den steilen, dornigen Pfad zum Himmel zeigen, selbst aber als lockere Wüstlinge den Blumenpfad sündiger Lust betreten. Birch „bewies" 1848 in einer Schrift, daß Shakespeare überhaupt kein Christ, sondern ein Atheist gewesen sei. Eine der sonderbarsten Ideen jedoch, die Amerika ausgeheckt und bis jetzt hartnäckig vertheidigt hat, ist die: Nicht Shakespeare, sondern Lord Bacon sei der Verfasser von „Shakespeares" Dramen gewesen. Mit dem Papier, welches mit dieser Kontroverse nutzlos vergeudet worden ist, sollte man um eine derbe Redewendung aus „Lear" zu gebrauchen, die Abtrittswände tapeziren. Den verdienstvollsten amerikanischen Shakespeareforschern gereicht es jedoch zur Ehre, daß sie sich nicht im Geringsten um diesen Streit bekümmert, noch viel weniger aktiven Antheil daran genommen haben; ihre Aufgabe war eine höhere. Sie wollten uns über einige Stellen des Textes aufklären und in den Geist jener Dichtungen einführen und hatten also keine Zeit für derartige müßige Kontroversen.

Die Ansicht, daß nicht Shakespeare der Verfasser der unter seinem Namen gehenden Dichtungen sei, wurde zuerst in der Januar=Nummer 1856 des von Putnam in New=York herausgegebenen Monthly durch Delia Bacon ausgesprochen; dieselbe wagte es jedoch nicht, Lord Bacon als den alleinigen Verfasser hinzustellen, sondern sie nahm mehrere Dichter als Urheber der Shakespeare'schen Dramen an. Jene Dame, über die Nathaniel Hawthorne in seinem Werke „Our old Home" Allerlei mitzutheilen hat, ließ späterhin über diese Frage ein dickleibiges Buch in England erscheinen und erlebte dadurch die Genugthuung, daß die aufgeworfene Frage in zahlreichen Blättern eingehend ventilirt wurde und sich mehrere Schriftsteller krampfhaft anstrengten, Lord Bacon zum dramatischen Dichter zu stempeln. Der Hauptvertreter dieser Ansicht in Amerika ist der Jurist Nathaniel Holmes, von dessen Werk im Jahre 1876 die dritte verbesserte Auflage erschien. Natürlich fehlt es ihm nicht an zahlreichen

Gegnern auf beiden Seiten des Oceans, worunter der Kanabier Thomas D. King und der Newyorker Journalist George Wilkes. Letzterer schrieb "Shakespeare from an Amerikan standpoint of view," einen starken Octavband, den Parker Norris nicht mit Unrecht eine unverzeihliche Verschwendung guten Papieres nennt, denn er strotzt von falschen Angaben und verkehrten Ansichten. Wilkes war durch eine Konversation mit General Butler, in der sich letzterer als sogenannter Baconist entpuppte, angeregt worden, Shakespeare's Werke in seinen Musestunden zu studiren, um in Bezug auf die wahre Autorschaft derselben ins Reine zu kommen. Das Resultat dieser Studien war, daß er Shakespeare als Katholiken, Monarchisten, Aristokraten, Verächter der Armen und als Mann von sehr mittelmäßiger Bildung kennen lernte, der sehr gut der Verfasser jener Dramen sein könnte. Wilkes hat sein Buch zu einer Zeit geschrieben, da die Journalisten durch äußere Verhältnisse gezwungen waren, sich eingehend mit der socialen Frage zu beschäftigen. Jeder, der damals dem Arbeiterstande schmeichelte, galt als Volksmann, und obgleich in Amerika der Stand des Arbeites nur ein vorübergehender ist und jeder thätige Mann die Gelegenheit hat, sich bald zum Arbeitgeber empor zu schwingen, wodurch also schon der schroffe Gegensatz zwischen Arbeiter und Kapitalist bedeutend gemildert wird, so scheint doch Wilkes vielleicht aus momentaner Popularitätssucht so weit gegangen zu sein, daß er glaubt jeden, der dem armen Arbeiter keinen Lorbeerkranz um die Stirne wand, als Aristokraten und Geldmenschen brandmarken zu sollen. Als solchen stellt er nun auch Shakespeare hin. Daß Shakespeare Aristokrat und Geldmensch war, ließe sich außer durch Citate, wie Wilkes thut, auch noch durch die Thatsachen beweisen, daß er seinem Vater ein erbliches Wappen kaufte, und daß er es gut verstand, sein Geld profitabel anzulegen. Ein Verächter der Armuth und des

Arbeiterstandes, als welchen ihn Wilkes mit aller Gewalt hinzustellen sucht, ist er aber doch nicht gewesen; wenigstens könnte man den im genannten Werke als Beweise angeführten Citaten eben so viele zum Beweise des Gegentheils gegenüber stellen. So heißt es z. B. im "Sommernachtstraum": "Und ich sehe nicht gern Armut überbürdet und Pflicht ihrem Eifer unterliegend." Und im "Sturm" lesen wir:

> "Manch niebrer Dienst
> Wird edel übernommen, und der Aermste
> Gelangt zum reichsten Ziel."

Weit eher als die Arbeiter hätten wohl die Geldaristokraten und Fürsten Ursache sich über Shakespeare zu beklagen.

Hauptsächlich hat es jedoch Wilkes darauf abgesehen, den mit mehr Hartnäckigkeit als Geschick auftretenden Baconisten die Unsinnigkeit ihres Bestrebens darzuthun und dann schließlich Shakespeare als Katholiken hinzustellen. Ersterer Punkt beschäftigte eine Zeitlang fast jedes amerikanische Winkelblatt, und in England schwärmten hauptsächlich die Juristen dafür, und selbst Palmerston zählte sich zu den Baconisten. Lord Bacon war Protestant, das wissen wir sicher; was aber Shakespeare war, wissen wir nicht bestimmt. Vielleicht bekannte er sich wie Schiller aus Religion zu keiner. Zeigt sich nun Shakespeare in seinen Dichtungen als Katholik, so konnte Bacon unmöglich Verfasser derselben sein; dies ist Wilkes'sche Logik.

Bacon, Southampton, Essex und andere hochgestellte Persönlichkeiten waren fleißige Theaterbesucher, mit denen Shakespeare privatim viel verkehrt haben mag; auch hat er ihnen zweifelsohne seine neuesten Dichtungen vorgelesen. Jene Dramen aber sollen aus der Feder Bacon's stammen, der jedoch die Rolle eines dramatischen Schriftstellers unter seiner Würde fand und sich deshalb hinter einen Schauspielbirektor verbarg. So schlimm stand es jedoch damals mit der dramatischen Schriftstellerei nicht; denn auch Massinger, Beaumont, Fletcher und Sir Philipp Sidney huldigten dieser Beschäftigung, ohne dadurch in der öffentlichen Achtung zu sinken. Shakespeare läßt nie einen protestantischen Prediger auftreten; er war mit den Dogmen und Ceremonien der katholischen Kirche gründlich vertraut, und wenn er von den Priestern dieser Secte spricht, so geschieht es jedesmal mit der tiefsten Ehrfurcht. So? — Im „Hamlet" sagt z. B. Laertes zu dem bigotten Priester, der seiner todten Schwester das Requiem verweigert:

"Senkt sie nieder,
Und ihrer schönen, unbefleckten Hülle
Entsprießen Veilchen! — Wisse, starrer Priester,
Im Engelchor wird meine Schwester schweben,
Wenn heulend du da unten liegst!"

Dann sagt Hektor in „Troilus und Cressida:"

"'s ist tolle Götzendienerei,
Wenn man den Gottesdienst stellt über Gott."

Außerdem thut Shakespeare an einer anderen Stelle den Ausspruch:

"It is an heretic that makes the fire,
Not she which burns in't."

Ferner deutet Wilkes zum Beweise, daß Shakespeare Katholik war, auf den Umstand hin, daß er seinem Hasse gegen die Juden mehrfach derben Ausdruck verliehen habe. Alsdann aber müßte man sicherlich den Hofprediger Stöcker in Berlin ebenfalls für einen Katholiken halten, wogegen dieser sicherlich energisch protestiren würde. Wilkes polemisirt auch an einigen Stellen gegen Richard Grant White, der Shakespeare protestantischen Glaubens sein läßt. Shakespeare hat bekanntlich auch die Protestanten gelegentlich gegeißelt, was ihn aber noch lange nicht zum Katholiken macht. Unter Protestanten verstand man damals hauptsächlich die Puritaner, die beständig gegen das Theater eiferten und überhaupt abgesagte Feinde aller öffentlichen Lustbarkeiten waren. Dann citirte Shakespeare häufig Stellen aus der Bibel und das Lesen derselben war doch den katholischen Laien verboten.

Shakespeare war nach Wilkes weder Staatsmann, noch Jurist; Bacon aber war beides. Und doch beruht der Glaube der Baconisten hauptsächlich auf den zur Schau getragenen juristischen Kenntnissen des Verfassers der Shakespeare'schen Dramen. Denselben aber hat man, wie Wilkes nicht mit Unrecht sagt, stets einen zu hohen Werth beigelegt; was Shakespeare in dieser Hinsicht zeigt, konnte sich leicht jeder intelligente Mann aneignen, ohne aus der Juristerei ein Specialstudium zu machen. Wollten wir diese Idee konsequent durchführen, so kämen wir auch zu dem Schlusse, daß Shakespeare Soldat, Fürst, Hofmann, Kardinal, Seemann, Irrenarzt und noch vieles Andere gewesen sein müsse. Schon das Schauspiel „Two Gentlemen of Verona" mit seinen zahlreichen Ungereimtheiten sei völlig hinreichend, die ganze Theorie der Baconisten über den Haufen zu werfen. Bacon würde auch nie einer Nonne eine eble Rolle übertragen haben, wie es Shakespeare in „Maaß für Maaß" gethan habe; auch konnte nur ein Katholik wie Shakespeare in „Wie es euch gefällt" von einer „holy bell" sprechen!

Allem Anschein nach scheint Wilkes wenig oder gar kein Verständniß für die poetischen Schönheiten Shakespeare's zu haben; denn er führt aus dessen Schriften mit großem Wohlbehagen nur solche Stellen an, an denen er etwas aussetzen kann. Doch ich glaube, der Leser hat nun genug von dem Wilkes'schen Buche, von dem kürzlich eine dritte Auflage die Presse verlassen hat.

Sonderbar klingt es für einen praktischen Amerikaner, daß, wie der Baconist Nathaniel Holmes behauptet, ein geriebener Geschäftsmann, Wucherer und unmoralischer Mensch, wie es Shakespeare nachweislich gewesen, kein Dichter sein könnte. Wenn der Dichter bei Vertheilung der Erde zu spät kommt, so ist es lebiglich seine eigene Schuld, denn er vergißt alsdann eine der Hauptpflichten gegen sich selber. Aber die Erfahrung hat gelehrt und lehrt es heute sogar in dem idealsüchtigen Deutschland, daß wirklich gediegene Dichter — nomina sunt odiosa — den materiellen Gewinn, der sich aus ihren Werken erzielen läßt, wohl berechnen können und es auch verstehen, denselben einzuheimsen. Unpraktische Poeten aber gehören in England und besonders in Amerika zur Ausnahme. Hatten nun Shakespeare's Werke einen so hohen buchhändlerischen Werth, wie man gewöhnlich annimmt, warum hat der Verfasser dann in seinem Testamente keine Bestimmungen darüber getroffen? So fragt Holmes mit bekannter Absicht, und darauf ließe sich erwidern, daß Shakespeare vielleicht darüber schon vor seinem Rücktritt vom Theater verfügt hatte. Shakespeare beabsichtigte vielleicht auch eine Gesammtausgabe seiner Werke zu veranstalten und wurde durch seinen plötzlichen Tod daran verhindert.

Fräulein Bacon's „Narrheit" betreffs der Autorschaft der Shakespeare'schen Werke hat sich doch ansteckender erwiesen, als man anfangs glaubte. In England, wohin sie vermöge der pecuniären Unterstützung einiger wohlmeinender Freunde gereist war, und wo sie ihre „Philosophie" veröffentlicht hatte, fand sie nicht die erwartete Aufnahme und kehrte daher bitter enttäuscht in ihr Vaterland zurück. Umsonst aber hatte sie ihr großes, nur noch zu hohem Preise bei Antiquaren zu habendes Werk doch nicht geschrieben, denn seit der Publication desselben ist selten ein Jahr verstrichen, ohne daß irgend eine einflußreiche Monatsschrift oder ein Pamphlet erschien, worin die einmal aufgeworfene Frage nicht auf's Neue ventilirt und meistens zu Gunsten der Bacon'schen Ansicht entschieden wurde. Neuerdings hat sogar ein in Melbourne lebender Engländer ein nicht zu verachtendes Werk veröffentlicht, worin er den Holmes'schen Standpunkt vertritt.

O. Follett ließ 1879 zu Sandusky in Ohio eine nur für Privatcirculation bestimmte Broschüre erscheinen, in welcher er zu beweisen sucht, daß Bacon und nicht Shakespeare Verfasser der betreffenden Dramen sei. Neues hat er übrigens nicht zu sagen. Daß Shakespeare mit seiner mangelhaften Schulbildung während seiner aufreibenden Thätigkeit als vielbeschäftigter Theaterdirector keine klassischen Dramen schreiben konnte, ist einleuchtend; denn dieselben verrathen eine gründliche Kenntniß der römischen und griechischen Klassiker, der alten und neuen Geschichte und eine Bekanntschaft mit fremden Ländern, die nur durch Reisen (?) erworben werden konnte. In jener Zeit aber gab es nur einen Mann, der dies von sich rühmen konnte, und dieser eine war natürlich Lord Bacon. Shakespeare als Theaterunternehmer und gutem Geschäftsmann mußte es natürlich vor allen Dingen daran gelegen sein, seinem Publikum möglichst viele Zugstücke zu bieten und von den damaligen Schöngeistern, die sich ja stets in Geldverlegenheit befanden, wurden ihm dieselben sicherlich für ein Billiges geliefert. Shakespeare ließ diesen Stücken alsdann eine solche Umarbeitung angedeihen, daß sie das Publicum anziehen mußten. Diese Dramen waren dann gewissermaßen sein Eigenthum, das zum Inventar des Schauspielhauses gehörte, weßhalb sich auch späterhin Bacon nie zum Verfasser derselben bekannte. Neue „Beweise" für die Richtigkeit der sogenannten Bacon=Theorie hat, wie wir gesehen haben, Follett also nicht aufgefunden, und seine Schrift wird daher ihren Zweck wohl nicht erfüllen.

Das gediegenste Werk jedoch, das die Shakespeare=Bacon=

Controverse hervorgebracht hat und das von keinem Shakespeare=Forscher ungelesen bleiben sollte, hat den schriftstellernden Advokaten Appleton M o r g a n in New=York, Verfasser von „Law of Literature" und „Principles of Evidence" zum Vater und führt den Titel: „The Shakespearean Myth" (Cincinnati 1881). Wir haben es hier mit einem gründlich und vielseitig gebildeten Kenner und Verehrer der Shakespeare'schen Werke zu thun; dieselben gelten ihm als die höchste literarische That aller Zeiten und Völker. Wer sie aber geschrieben habe, sei ein Geheimniß und werde es wahrscheinlich auch ewig bleiben; so viel aber stehe fest, daß William Shakespeare, der Stratford plötzlich aus unlauteren Gründen verließ, der sich dann in London als Theaterunternehmer in verhältnißmäßig kurzer Zeit zu bedeutendem Wohlstande emporarbeitete, der dann wieder in seine Heimat zurück zog und dort sein Geld gewinnbringend anlegte, hin und wieder einen säumigen Zahler verklagte, und der seiner Gattin das zweitbeste Bett testamentarisch vermachte, unmöglich der Verfasser von „Hamlet", „Lear" und „Julius Cäsar" sein könne. Im andern Falle müßten wir hier ein Wunder annehmen, und das sollte man doch keinem vernünftigen Menschen zumuthen. Weßhalb aber hat man diese Frage nicht schon vor einigen Jahrhunderten aufgeworfen? Müßige Einwendung. Die Geschichte von Wilhelm Tell hat auch lange als geschichtliche Thatsache gegolten, und erst unserer kritischen Zeit blieb es vorbehalten, sie in das Reich der Fabel zu verweisen. Wer der Verfasser der im Globe=Theater aufgeführten Dramen war, mag für das damalige Publikum eine höchst gleichgiltige Sache gewesen sein; jetzt aber verlangt es die Welt zu wissen. Eine definitive Antwort weiß natürlich auch Morgan nicht zu geben. Die wenigen authentischen Nachrichten, die wir überhaupt über Shakespeare besitzen, unterwirft er einer streng kritischen

Sichtung und kommt immer wieder zu der Ueberzeugung, daß Shakespeare der Theaterunternehmer, und Shakespeare der Philosoph, Dichter und Kenner der römischen, griechischen und nordischen Literaturen und Sagen, der Staatsmann, Hofmann und Weltmann unbedingt zwei ganz verschiedene Personen gewesen sein müssen. Shakespeare, der Theaterdirector, mag die Dramen seiner loderen Freunde für den Gebrauch auf der Bühne eingerichtet und hin und wieder mit einigen den Zeitverhältnissen entsprechenden Zusätzen bereichert haben; zur alleinigen Abfassung derselben aber hatte er weder die Zeit noch die vielseitigen Kenntnisse. Wer nun jene schriftstellernden Freunde waren, ob sich Southampton, Raleigh, Essex, Rutland, Montgomery und Bacon darunter befanden, kann nicht mit Bestimmtheit gesagt werden; dieselben hatten jedenfalls Gründe, die sie zur Anonymität zwangen.

Morgan's Buch ist in frischem, kräftigem Stile abgefaßt; es enthält zwar einige Ungenauigkeiten, im Ganzen genommen aber hat er den Literarhistorikern, die da William Shakespeare aus Stratford am Avon für den Verfasser von „Shakespeare's Werken" halten, manche harte Nuß zum Knacken gegeben.

Doch es liegt mir noch ein Beitrag zur Bacon-Theorie vor; derselbe kommt aus dem Goldlande Californien und beschäftigt sich hauptsächlich mit „Cymbeline."

Die Johnson'sche Kritik über Shakespeare's „Cymbeline", nach welcher dieses Drama nicht einmal werth sei, daß sich Jemand ernstlich damit beschäftige, hat längst ihre Bedeutung verloren. Der wachsende Shakespeare-Kultus hat auch diesem Drama allmählich die ihm gebührende Anerkennung verschafft, Schlegel bezeichnete es bereits als eine der wundervollsten Schöpfungen des Dichters, und derselben Ansicht ist auch Gervinus, der ihm eine sehr eingehende Besprechung gewidmet hat. Ein Zugstück für die Bühne ist es jedoch nie geworden, und wenn es einmal aufgeführt wurde, was in England übrigens bei Weitem mehr als in Deutschland geschehen ist, so erzielte es nur einen sogenannten Achtungserfolg. Es entstammt der letzten Schaffensperiode Shakespeare's, und erschien, trotzdem es sicherlich in den Jahren zwischen 1609—11 entstanden ist, erst in der Folioausgabe von 1623. Es ist wie so manches andere Drama aus einer Verschmelzung historischen und novellistischen Stoffes entstanden; den ersteren lieferte Holinsheb's englische Chronik und den letzteren Bocaccio's Decamerone. Es sollte eigentlich Imogen heißen, denn Cymbeline, dessen Charakter doch hauptsächlich durch die Reden und Handlungen dritter Personen zur Anschauung gebracht wird, spielt sicherlich nicht die Hauptrolle.

Da man nun allmählich die Schönheiten dieses Dramas schätzen und verstehen lernte, so wurde es auch den Baconisten klar, daß es unmöglich aus der Feder des ungebildeten Shakespeare stammen könne, sondern daß ihr Abgott der Verfasser sein müsse. Holmes hat zwar in seinem dickleibigen Buche nur zwei Parallelstellen aus Bacon und „Cymbeline" anzuführen, und auch diese sind mit aller Gewalt an den Haaren herbeigezogen, so daß also wenigstens nicht auf diese Weise Bacon's Autorschaft der genannten Dichtung bewiesen werden konnte; es bedurfte da stärkerer Beweise, und diese hat denn Frau C. F. Ashmead Winble geliefert und der „New Shakespeare Society" zu London in Gestalt einer Broschüre (San Francisco 1881) zur Prüfung eingesandt. Diese Frau hat es nämlich verstanden, im „Cymbeline" viel zwischen den Zeilen zu lesen und ist dadurch zu der felsenfesten Ueberzeugung gekommen, daß dieses Drama von Bacon verfaßt sei und eine allegorische Prophezeiung seines zukünftigen Weltruhmes enthalte.

Diese wichtige Entdeckung hatte sie schon $2^{1}/_{2}$ Jahre vor der Veröffentlichung ihres Schriftchens gemacht; da sie sich jedoch nach eigenen Geständniß nicht in dem besten Gesundheitszustand befindet und daher gewärtig sein muß, zu irgend einer Stunde nach dem Jenseits abgerufen zu werden, so wollte sie wenigstens noch dafür sorgen, daß sie ihre Entdeckung nicht mit in das Grab nehme. Dies war der Grund, warum sie vorläufig ihre Ansichten nur an e i n e m Stücke zum Ausdrucke brachte; ob sie die anderen Dramen Shakespeare's, oder vielmehr Bacon's in ähnlichem Sinne behandeln werde, hänge von Umständen ab, die sie nicht kontrolliren könne.

Wie die Sonnette biographischen Charakters sind, so ist es auch „Cymbeline," und es ist nach Winble's Behauptung durchaus kein Zufall, daß beide im Jahre 1609 (?) verfaßt wurden. Sämmtliche im „Cymbeline" handelnden Personen sind nur Repräsentanten einer gewissen Idee. Cymbeline selbst stellt Britannien vor; Leonatus Posthumus ist der Nachruhm Bacon's; Cloten, das von unserer Schriftstellerin mit clothing in Zusammenhang gebracht wird, bedeutet die sterbliche Hülle unsterblicher Eigenschaften; Belarius wird als die reine Region des Gedankens dargestellt; derselbe wird auch mitunter „Morgan" genannt, was natürlich „my organ" oder „novum organum" zu bedeuten hat; Guiberius, der Führer, bezeichnet die philosophische Denkweise; Arvigarus ist der tugendhafte Mensch; die Königin, Cymbeline's zweite Gattin, stellt den zukünftigen Tag des englischen Ruhmes vor und Imogen (image — in) die Einbildungskraft. Alle diese hier repräsentirten Ideen beziehen sich im Grunde nur auf ein Individuum — Bacon.

Am Hofe Cymbeline's herrscht die größte Unzufriedenheit. Dem Könige sind seine beiden Söhne geraubt worden, und er wird nun von seiner zweiten Gattin beherrscht. Zwei Edelleute unterhalten sich über die Veränderungen, die durch Imogen's Verheirathung mit Posthumus, dem „Nachruhm

Bacon's," hervorgebracht worden ist. Einer derselben, Sicilius, bringt den poetischen Genius zur Anschauung und hat die Aufgabe ihm entsprechende Nachkommen zu zeugen, denen bereinst ewiger Ruhm erblühen soll. Diesen Ruhm nun bezeichnet Posthumus. Einer jener Edelleute erzählt auch, daß Posthumus' Vater infolge des Todes von zweien seiner Söhne an gebrochenem Herzen gestorben sei; diese beiden Söhne aber sind die Gedichte „Venus und Adonis" und „Tarquin und Lucrece." Wem dies nicht einleuchtet, soll überhaupt den Shakespeare nicht lesen!

Cymbeline will Imogen, Bacon's Dramen nämlich, mit Cloten, dem Sohne der Königin oder vielmehr dem Menschen Bacon, dem weder Zeit noch Umstände günstig sind, vermählen; Imogen jedoch vermählt sich mit Posthumus, der in Folge dessen den königlichen Hof verlassen muß. Da es Bacon nämlich aus verschiedenen Opportunitätsgründen nicht für rathsam fand, sich zur Autorschaft der Shakespeare'schen Werke zu bekennen, so tröstete er sich mit der Gewißheit zukünftigen Ruhmes. Sagt doch auch Bacon in seinem Testamente: „For my name, J leave it to other nations, and the next ages," was allerdings ebenso unbescheiden ist, wie die von Frau Windle entwickelte Grundidee des „Cymbeline" überhaupt.

Als Carlyle von der Entdeckung der Amerikanerin Delia Bacon, nach welcher Shakespeare nicht der Verfasser „seiner Werke" sei, hörte, rief er unwillig aus „that woman is mad!" und die spätere Geschichte derselben zeigte, daß er recht hatte. Beim Durchlesen der Windle'schen Abhandlung möchte man dasselbe ausrufen; doch hoffen wir, daß die kränkliche Verfasserin nicht das Schicksal ihrer Landsmännin theile.

Etwas Gutes aber hat jene Kontroverse doch gehabt: sie hat das Publikum animirt, den Werken jener beiden

Engländer eine größere Aufmerksamkeit zu schenken; besonders aber hat sie das Studium Shakespeare's gefördert.

Es ist erstaunlich, welche Anstrengungen die Amerikaner gemacht haben und noch täglich machen, die Werke des britischen Dichters unter die große Masse zu bringen. Die erste in Amerika gedruckte Ausgabe, die mit den Anmerkungen von Samuel Johnson versehen war, erschien 1795 zu Philadelphia in acht Bänden; bis jetzt aber kann sich Amerika mehr als 40 verschiedener Ausgaben rühmen, wovon natürlich die meisten Nachbrücke englischer Editionen sind. Und wie billig sind dieselben mitunter! Shakespeare's sämmtliche Werke kann man gebunden für 75 Cents kaufen; ja, die „American Book Exchange" zu New-York liefert seit einiger Zeit irgend ein Schauspiel für, sage und schreibe: drei Cents! Und welchen guten Klang haben die Namen der Amerikaner Verplanck, White, Hudson, Furneß, Snider, Giles, Ruggles, Reed u. s. w. in der über die ganze Erde zerstreuten Shakespeare-Gemeinde!

Der große amerikanische Jurist Rufus Choate soll beinahe den ganzen Shakespeare auswendig gewußt haben; Daniel Webster hatte aus ihm ein Specialstudium gemacht, ebenso John Quincy Adams, Hawthorne und Lincoln. Der Quäkerdichter Whittier erzählt, daß die ersten poetischen Werke, welche er las, die Shakespeare's waren; er nahm dieselben mit auf das Ackerfeld und benutzte jeden freien Augenblick, um einige Seiten zu lesen.

Mehrere amerikanische Professoren widmeten der Interpretation Shakespeares ihre Hauptaufmerksamkeit. Darunter verdient in erster Linie Henry Reed, Verfasser von „Lectures on English Literature from Chaucer to Tennyson", „Lectures on English History as illustrated by Shakespeare's Plays" und mehrerer anderer Schriften, genannt zu werden. Reed wurde am 11. Juli 1808 zu Philadelphia geboren, studirte anfangs Jurisprudenz, doch konnte er dem

Zauber, den die englische Literatur auf ihn ausübte, nicht lange widerstehen; er sagte der Rechtswissenschaft auf immer Valet und nahm eine Professur an der Universität seiner Vaterstadt an. Leider ereilte ihn der Tod zu frühe; Reed war einer der vielen Unglücklichen, die im September 1854 beim Untergang des Ozeandampfers „Arctic" ihren Tod in den Wellen fanden.*) Reed's erstgenanntes Werk wird noch heute an vielen amerikanischen Colleges, worunter z. B. die Staatsuniversität von Michigan, gebraucht.

Auch George Ticknor beschäftigte sich, ehe er das Studium der spanischen Literatur zu seiner Lebensaufgabe machte, eifrig mit Shakespeare und hielt darüber im Winter 1833—1834 in Boston einen Kursus von Vorlesungen, die leider nie gedruckt worden sind; auch weiß man nicht, was aus dem Manuskripte geworden ist. Ticknor war ein tüchtiger Rhetor, der nicht umsonst mit Tieck in Dresden, dem Meister der Vortragskunst Umgang gepflogen hatte.

Auch Richard Henry Dana hielt im Jahre 1839 in Boston, Philadelphia und anderen Städten Vorlesungen über Shakespeare und veröffentlichte auch einige gedankenreiche Aufsätze, worunter der über Kean's Darstellung des Lear wohl der lesenswertheste ist.

Julian Verplanck war unseres Wissens der erste Amerikaner, welcher eine Ausgabe der Werke Shakespeare's veranstaltete (1844—47), deren Textrevision auf Originalstudien beruhte. Dieser in mancher Beziehung hochverdiente Mann wurde am 6. August 1786 in New-York geboren, studirte Jurisprudenz und versuchte auch eine Zeit lang als Advokat in seiner Vaterstadt zu prakticiren, wenigstens that er so. Klienten fand er nicht und suchte am Ende auch

---

*) Siehe William B. Reed „Memoirs of familiar Books," New York 1876.

keine, denn er war froh, wenn ihn Niemand vom Studium der griechischen und altfranzösischen Dichter abhielt. Glücklicherweise erlaubten ihm dies seine Mittel. Am politischen Leben nahm er übrigens regen Antheil und bekleidete auch mehrere öffentliche Aemter. Besonders machte er sich um das Wohl der Einwanderer, die damals bei ihrer Landung den schauderhaftesten Betrügereien ausgesetzt waren, verdient, weshalb man auch später das für die armen Europamüden bestimmte Hospital in New-York „Verplanck Emigrant Hospital" nannte. Er starb am 28. März 1870. Sein alter Freund William Cullen Bryant widmete ihm in seinen „Orations and Adresses" (New-York 1873) einen interessanten Nachruf.

Verplanck war sein ganzes Leben hindurch schriftstellerisch thätig; entweder schrieb er Pamphlete, welche brennende Tagesfragen behandelten, oder er verfaßte humoristische Skizzen. Bei der Bearbeitung seiner Shakespeare-Ausgabe ging er sehr vorsichtig zu Werke und beabsichtigte mehr ein Buch für das allgemeine Publikum als den professionellen Literarhistoriker herzustellen. Von den Lesarten anderer Editoren wählte er diejenigen, die er für die besten hielt; seine eigenen Emendationen beziehen sich meistentheils auf Amerikanismen oder in Amerika gebräuchliche Phrasen, die in England längst der Vergessenheit anheim gefallen sind. Die Einleitungen, die er jedem Drama vorsetzte, zeichnen sich wie alle Arbeiten aus seiner Feder durch eine glatte, gefällige Diktion aus.

Einer der tüchtigsten lebenden Shakespeare-Kenner ist unstreitig Richard Grant White in New-York, dessen 1857—65 erschienene kritische Ausgabe der Werke des englischen Dramatikers epochemachend war. White wurde im Jahre 1822 in genannter Stadt geboren und ist ein Graduirter der dortigen Universität. Er studirte abwechselnd Medicin und Jurisprudenz und wurde 1845 zur Rechtspraxis zugelassen; doch kultivirte er hauptsächlich die schönen Künste. Seine kritischen Studien über den Text und die Charakterrollen Shakespeare's ließ er 1862 in einem starken Oktavbande unter dem Titel „Shakespeares Scholar" erscheinen. Dann folgte ein kleineres Werk über die Autorschaft der drei Theile von „König Heinrich VI." Seine zwölfbändige „New and independant critical edition of Shakespeare's Works" ist ein herrliches Denkmal eigenen Denkens und kritischen Scharfsinns. 1865 veröffentlichte er „Life and Genius of Shakespeare," womit er seine Shakespeare=Studien abschloß.

Durch jene Ausgabe der Werke Shakespeare's büßte White den größten Theil seines Vermögens ein, da der Absatz zu den enormen Herstellungskosten im ungünstigsten Verhältnisse stand. In der neueren Zeit ist White für die hervorragendsten amerikanischen Monatsschriften thätig gewesen und hat für dieselben zahlreiche und geistreiche Abhandlungen über die Entwicklung der englischen Sprache, die Geschichte der politischen Dichtung in Amerika und das öffentliche Schulwesen geliefert. In seiner biographischen Skizze Shakespeare's besteigt er nicht das hohe Roß gegenüber Andersdenkenden, sondern er bringt in Fällen, wo er nicht mit anderen Forschern übereinstimmt, seine Gründe in ruhiger und meistens überzeugender Weise vor. Auf Konjekturen in Bezug auf das Leben Shakespeare's läßt er sich nur äußerst selten ein; er hält sich einfach an die spärlichen, uns überlieferten Notizen und sucht auf Grund derselben ein anschauliches Lebensbild des englischen Dichterfürsten zu entwerfen. Er hält Shakespeare für einen gründlichen Kenner des Lateinischen und Italienischen und unterstützt diese Behauptung durch neue, früher ungebrauchte Beweise. Den Märchen, welche Shakespeare zum Wollhändler, Metzger und dergleichen machen wollen, fügt er die sarkastische Bemerkung hinzu, daß Shakespeare sicherlich Schneider gewesen sein müsse, weil das Wort

„tailor" in einigen seiner Stücke so häufig vorkommt. Den Wildbiebstahl bezweifelt er nicht, gehörte doch derselbe damals zu den noblen Passionen, und Shakespeare war doch kein Heiliger. Shakesspeare stahl Wild aus dem Parke eines Mannes, der als trockner und aristokratischer Puritaner bei dem Landvolk bitter verhaßt war. Die Jugend will austoben, und Shakespeare machte hier sicherlich keine Ausnahme.

Daß Shakespeare eine Zeitlang bei einem Advokaten beschäftigt war, ist wahrscheinlich; daß er das Studium der Jurisprudenz aber bald wieder aufgab, weil dazu mehr Mittel gehörten als seinem Vater zur Disposition standen, ist ebenfalls wahrscheinlich; daß er nach London flüchtete und dort beim Theater Beschäftigung fand, ist aber gewiß. Die theatralische Laufbahn nahm damals denselben Rang ein wie die Journalistik heutigen Tages, die ja auch nur eine Beschäftigung für Leute sein soll, die ihren Beruf verfehlt haben. Eine Presse aber gab es damals noch nicht. Daß Shakespeare's Hauptaugenmerk auf Gelderwerb gerichtet war, ist eine Sache, die sich für jeden Engländer von selbst versteht. Würden sich überhaupt die Dichter etwas weniger in den Wolken und dem Morgensonnenschein bewegen und dafür ihren Blick mehr auf das Greifbare und Praktische werfen, wahrlich der Bettelstab gesellte sich etwas seltener zum Lorbeerkranze. Man lebt einmal nicht vom Veilchenduft und alten Sagen; auch kleidet man sich nicht mehr in Kamelshaare und ißt Heuschrecken und wilden Honig. Allerdings mag Manchem die Aussicht auf ein Denkmal nach dem Tode im Voraus stählen, die herbe Noth des Lebens geduldig zu ertragen; im Allgemeinen aber ist es rathsam, daß Jeder für das Zeitliche emsiglich sorgt. Zur Zeit Shakespeare's existirte auch noch keine Schillerstiftung, die da invaliden Poeten ein paar Thaler jährlicher Unterstützung zukommen ließ. Ohne Geld aber ist der Mensch überall ein armer, verlassener Tropf und zur

Vermehrung des sprichwörtlich gewordenen Schriftstellerelendes wollte Shakespeare keinen Beitrag liefern. Er strebte außerdem nach einer höheren socialen Stellung, und die Erlangung derselben war ohne Geld unmöglich. Als er Geld genug besaß, zog er sich nach Stratford zurück, um ganz nach seinem Geschmacke leben zu können.

White hält Shakespeare für einen Protestanten. Er widmete auch den Ansprüchen der Baconisten einige Worte, die schwerlich den Beifall derselben gefunden haben. Bacon war doch bekanntlich auch ein geldgieriger Mensch und bediente sich sogar der gemeinsten Transaktionen, um sich in den Besitz klingender Münze zu setzen; wäre er nun auch Verfasser der Shakespeare'schen Dramen gewesen, er hätte es sicherlich nicht verschmäht, daraus pekuniären Vortheil zu ziehen. In Geldsachen hörte bei Bacon nicht allein die Gemüthlichkeit, sondern auch die Ehrlichkeit auf.

White's Buch über Shakespeare ist das Werk eines Mannes, der sich in der Literatur alter und neuer Zeit gründlich umgesehen hat und der stets vorsichtig in seinem Urtheile ist. Schade, daß er seine Forschungen auf diesem Gebiete für immer aufgegeben hat.

Vor ungefähr 15 Jahren erschien in New York ein sogenanntes „Mental Photograph Album," nämlich ein Buch, dessen einzelne Blätter mit allerlei Fragen bedeckt waren, die man sich dann von einem Freunde, dessen Ansichten, Liebhabereien u. s. w. man gerne kennen lernen wollte, beantworten ließ. Die betreffenden Fragen hatten den Zweck, eine geistige Photographie des sie beantwortenden Freundes zu liefern und unter den vielen gestellten Fragen war auch: Welches sind deine Lieblingsschriftsteller? Jenes Album fand in zahlreichen Familienkreisen Eingang, so daß man Gelegenheit genug hat, sich über das Dichten und Trachten bekannter und unbekannter Personen zu informiren. Blättert man nun

derartige Bücher durch, so wird man finden, daß die oben
angeführte Frage in zwei von drei Fällen entweder durch
„Shakespeare" oder „die Bibel," mitunter auch durch beides
beantwortet ist. Ja, es giebt sicherlich kein Land auf der
ganzen Erde, in dem Shakespeare und die Bibel in solcher
allgemeinen Hochachtung stehen, wie gerade in dem wegen seines
Geldburstes so sehr verschrieenen Amerika; mag man in ein
einsam gelegenes Blockhaus des fernen Westens kommen, und
mag dessen Bewohner noch so sehr die Spuren des Hinter-
waldslebens zur Schau tragen, ein Zimmerchen hat er sich
doch nieblich eingerichtet, um seine wenigen Mußestunden darin
zuzubringen, und in demselben befinden sich sicherlich die Bibel
und in den meisten Fällen auch irgend eine billige Ausgabe
der Werke des Dichters Shakespeare. Für die Verbreitung
des ersteren Buches sorgen die alle entfernten Hütten auf-
suchenden Prediger der Methodistenkirche; des Shakespeare
aber haben sich zahlreiche Herausgeber der amerikanischen
Zeitungen angenommen, die jedem ihrer regelmäßigen Leser,
der ihnen noch zwei oder drei neue Abonnenten verschafft,
ein Exemplar der Werke des englischen Dichterfürsten zum
Geschenke machen. Es sind dies natürlich keine Prachtaus-
gaben, aber sie erfüllen doch vollkommen ihren Zweck, indem
sie dem vereinsamten Farmer eine kräftige und gesunde
Lektüre bieten. Viele der Hauptschönheiten jenes Dichters
mögen allerdings dem an solche Kost nicht gewöhnten Land-
manne ein Buch mit sieben Siegeln sein; aber Shakespeare war
einer der wenigen gottbegnadeten Geister, die es trefflich verstanden, in Vielem Jedem ohne Ausnahme etwas Herzer-
quickendes zu bringen, weshalb er auch dem Gelehrten wie
Ungelehrten dem Jünglinge wie dem Greis, dem Armen wie
dem Reichen eine gleiche unerschöpfliche Quelle des Genusses
gewährt. Aus den Reihen des Arbeiterstandes ist denn auch
einer der verdienstvollsten amerikanischen Shakespeareforscher

hervorgegangen; denn Amerika hat nicht allein auf dem Gebiete der Mechanik oder überhaupt der exakten Wissenschaften, sondern auch im Reiche der Kunst und Literatur seine selfmade men. Wir meinen hier den alten Henry Norman Hudson, der seit geraumer Zeit Professor der englischen Literatur an der Boston University ist, und der durch seine Arbeiten auf dem Gebiete der Shakespeare-Forschung so unendlich viel geleistet und zur Verbreitung der Werke seines Lieblingsdichters in Amerika eine so erfolgreiche Thätigkeit entfaltet hat.

Hudson wurde am 28. Januar 1814 im Städtchen Cornwall, Abbison County, Staat Vermont, geboren und war bis zu seinem achtzehnten Jahre ein einfacher Farmarbeiter, der es nicht ermöglichen konnte, die öffentliche Schule seines Ortes regelmäßig zu besuchen. Darnach siedelte er nach dem benachbarten Städtchen Middleburg über, woselbst er in einer Wagnerwerkstätte vier Jahre lang Beschäftigung fand. Er arbeitete recht fleißig und war beständig bemüht, seinen Lohn durch Extraarbeit zu erhöhen; jeder Dollar aber, den er einigermaßen entbehren konnte, ward dazu verwandt, um sich nützliche Bücher anzuschaffen, die er in seinen wenigen Mußestunden gründlich studirte. Romane las er nie, denn für solche Lektüre hatte er weder Zeit noch Geld.

Durch ausdauernden Privatfleiß brachte er es dann endlich dahin, daß er die Aufnahmeprüfung in die sogenannte „Freshman Class" des College zu Middleburg bestand und an dem regulären Unterrichtskursus theilnehmen konnte. Jedermann in jenem Städtchen schien sich für ihn zu interessiren und Jedermann wünschte ihm von Herzen Erfolg. Nachdem er im Jahre 1840 jenes College absolvirt hatte, war er drei Jahre lang in den Staaten Kentucky und Alabania als Lehrer thätig; um diese Zeit fing er auch das Studium Shakespeare's an, dem er bis auf den heutigen

Tag noch seine besten Stunden widmet. Er ging ein jedes einzelne Drama gründlich durch, schrieb seine Ansichten darüber nieder und arbeitete diese Notizen späterhin zu Vorlesungen aus, die er zu Huntsville und Mobile im Staate Alabama und dann auch in Cincinnati vor einem kleinen, aber gewählten Publikum hielt. Durch diese Vorlesungen, die er im Jahre 1848 in New York erscheinen ließ, legte er den Grund zu seiner Reputation als Shakespeare-Kenner; wenn jenes Buch auch nicht gerade überall eine warme Aufnahme fand, so gestand doch jeder Kritiker gerne ein, daß man hier das Werk eines unabhängigen Denkers vor sich habe. Im Allgemeinen hielt sich Hudson an die Ansichten Coleribge's, denen auch der ältere Dana in seinen Shakespeare-Vorlesungen beipflichtete. 1844 kam Hudson nach Boston und wiederholte daselbst und in den benachbarten Städten seine Vorlesungen. Er fand eine solche freundliche Aufnahme bei den dortigen literarischen Größen, daß er beschloß, Boston zu seinem bleibenden Wohnsitze zu nehmen. Populär im eigentlichen Sinne ward er dort jedoch nicht, und ist es auch bis auf den heutigen Tag noch nicht geworden. Mit den dortigen Transscendentalisten, die von einem Utopien träumten und sich mit allen erdenklichen philosophischen Speculationen quälten, konnte er sich nie befreunden; auch verbot ihm seine orthodoxe Glaubensrichtung alle Bestrebungen auf dem Gebiete einer freieren Religionsanschauung, die damals von allen leitenden Geistern Bostons angebahnt wurde. Hudson ließ sich sogar als Geistlicher der Episcopalkirche ordiniren, und wenn er noch heute Gelegenheit findet, in einer strenggläubigen Gemeinde eine Predigt zu halten, läßt er sie sich nicht entgehen. Auch war er mehrere Jahre lang als Redacteur religiöser Zeitschriften thätig.

1851 gab er seine erste Ausgabe der bramatischen Werke Shakespeare's in elf Bänden heraus. Dieselbe ist in

Form und Stil der sogenannten „Chiswick edition" (1826) nachgebildet; der Hauptwerth liegt in den Anmerkungen und Einleitungen, die jedoch für den jetzigen Stand der Shakespeare-Forschung keine Bedeutung mehr haben. Buchhändlerisches Glück hat jenes Werk nie gehabt, weshalb es auch oft den Verleger wechselte. In Amerika werden nämlich fast alle Werke stereotypirt; sieht also ein Verleger ein, daß sein literarisches Unternehmen eine verfehlte Speculation war, so sucht er die Platten einem Kollegen zu verkaufen, der dann ebenfalls sein Glück damit versucht. Hudson ist überhaupt auf jene Ausgaben sehr schlecht zu sprechen und möchte sie gerne todtschweigen. Als ich im Jahre 1875 eine kurze Unterredung mit ihm hatte und nach dem jetzigen Verleger jenes Werkes fragte, erwiderte er mir kurz, er könne mir darüber keine Auskunft geben. Hudson's Ausgabe der dramatischen Werke Shakespeare's wurde späterhin auch dadurch gänzlich überflüssig, daß 1865 Richard Grant White, ein Mann, der, was Scharfsinn, Urtheilskraft und gründliche literarische Bildung anbelangt, Hudson so unendlich überlegen ist, seine kritische Ausgabe Shakespeare's erscheinen ließ, die auch gleich von allen competenten Kennern als epochemachend angesehen wurde. Hudson sagte mir in jener Unterredung mit ihm in Bezug auf White „he beat me all to pieces;" doch, fügte er hinzu, er habe jetzt eine ganz neue Ausgabe sämmtlicher Werke Shakespeare's druckfertig; er habe beständig weiter studirt, White aber nicht und so „I can beat him as much as he then beat me."

Seit 1865 wohnte Hudson in Cambridge, wie er denn überhaupt Boston und Umgegend seit 36 Jahren nur auf kurze Zeit verlassen hat. Während des amerikanischen Bürgerkrieges war er eine Zeit lang Feldprediger eines Regimentes, das zum Kommando des Generals Butler gehörte. Ein Brief jedoch, den er in der New-Yorker „Evening Post" publicirte, und in dem er jenem General die ungeschminkte Wahrheit sagte, zwang ihn erstens das Arrestlokal zu beziehen und zweitens seine Stelle niederzulegen. Ueber jene Affaire gab er 1865 zu New-York die Broschüre „A chaplain's campaign with General Butler" heraus.

In den von ihm redigirten Zeitungen verlieh er seinen beschränkten puritanischen Anschauungen den rücksichtslosesten Ausdruck und trat für dieselben mit allen ihm zu Gebote stehenden Mitteln auf. Seine Ansichten hielt er stets für unfehlbar und kämpfte für dieselben mit einer Hartnäckigkeit, die ihm nicht immer zum Vortheile gereichte. Natürlich währte unter diesen Umständen seine ebitorielle Thätigkeit jedesmal nur kurze Zeit.

Im Jahre 1870 wurden die Gebrüder Ginn in Boston Hudson's Verleger und veröffentlichten dessen „School Shakespeare" in drei Bänden (1870—73), wovon jeder sieben Stücke enthielt. Aus dem Erklären Shakespeare's in Schulen hat Hudson überhaupt eine Specialität gemacht, und sein Wirken als Lehrer wie als Editor jener Schulausgaben ist von dem schmeichelhaftesten Erfolge begleitet gewesen. Auch nennt er sich auf dem Titelblatte seiner „Harvard Edition" „Professor of Shakespeare," ein Titel, den er sicherlich verdient, und den außer ihm kein anderer Literarhistoriker in Amerika führt. Seinen Schulausgaben sieht man auf den ersten Blick an, daß die ganze Einrichtung derselben aus langjährigem praktischen Unterrichte hervorgegangen ist. Sie sind daher in circa tausend amerikanischen Schulen eingeführt und von jenen drei Bänden über 4,000 Exemplare abgesetzt worden. Auch erschienen die Stücke in Einzelausgaben, von denen ungefähr 60,000 verkauft wurden. Nach Europa wurden nur wenige Exemplare exportirt; sein zweibändiges Werk „Shakespeare's Life, Art and Characters" (1872) fand hingegen im Auslande einen lohnenden Absatz.

4*

In jenen für die Schulen bestimmten Ausgaben sind natürlich alle anzüglichen Stellen des Originals ausgemerzt; doch ist Hudson lange nicht so ängstlich, wie viele seiner englischen und deutschen Kollegen, und wie man von ihm als orthodoxem Geistlichen erwarten sollte, denn er hat von allen am wenigsten Ausmerzungen und das nur in den allerbringendsten Fällen vorgenommen. Wo ein Ausdruck den Anstand verletzte oder dem Verhältniß des Lehrers zum Schüler im Wege stand, hat er ihn einfach durch einen andern ersetzt; denn die Aufrechterhaltung der Sitte gilt ihm zuletzt doch höher als alle Weisheit Shakespeare's. Die betr. Worte sind zur Bezeichnung ihres Ursprungs in Klammern gesetzt. Im Allgemeinen thun jene Ausmerzungen der Charakterzeichnung der handelnden Personen nicht den geringsten Abtrag, auch sind ihrer, wie gesagt, äußerst wenige, mitunter betragen sie nicht einmal über zwölf Zeilen in einem ganzen Stücke. Große Zimperlichkeit kann man Hudson wahrhaftig nicht zum Vorwurfe machen; vielleicht hat ihn das Studium des alten Testamentes dagegen gestählt, und er huldigt der richtigen Ansicht, daß dem Reinen Alles rein sei. Von den verschiedenen Lesarten, über die sich wohl nie eine Einstimmigkeit erzielen läßt, hat er diejenigen gewählt, die ihm am besten dünkten, und sich dabei sehr oft nach White gerichtet, den er überhaupt höher als die englischen Textkritiker stellt. Seine Anmerkungen sind kurz und bündig, und er giebt derselben eher zu wenig als zu viel, um den Schüler nicht von der Hauptsache abzuleiten. Die Hauptsache ist ihm eben die Einführung in den Geist der Werke Shakespeare's; der Schüler soll mit dem Dichter in geistige Wechselwirkung treten, er soll ihn lieben und hochschätzen lernen und zwar nicht für die paar Unterrichtsstunden, sondern für das ganze Leben. Shakespeare soll für die Schüler keine neue Bürde, sondern vielmehr eine erquickende Herzensstärkung sein. Er soll mit den Schuljahren nicht abgeschüttelt werden, wie das gewöhnlich mit den lateinischen und griechischen Classikern geschieht, die man froh zur Seite wirft und sich glücklich preist, daß man sie nicht mehr anzurühren braucht. Shakespeare soll die Quelle permanenter Freude und Anregung sein; er soll den Schülern als ein Schatz gegeben werden, der von Jahr zu Jahr nicht abnimmt, sondern der sich beständig vermehrt. Zu diesem und keinem andern Zweck soll Shakespeare in der Schule kultivirt werden.

Shakespeare soll also kein Lesebuch sein, welches das nöthige Material liefert, um grammatikalische Regeln zur Anschauung zu bringen, oder um allerlei philologische Spielereien treiben zu können, wie das leider noch in den meisten amerikanischen Lehranstalten geschieht. Derartige Uebungen sind allerdings nöthig; aber man soll sie an eins der zahlreichen diesem speciellen Zwecke dienenden Bücher knüpfen. Der Amerikaner wirft gerne Alles in ein Buch, und die leicht erklärliche Folge davon ist, daß er die Nebensache oft mit der Hauptsache verwechselt. Wer Shakespeare studiren und davon den gewünschten Genuß haben will, muß vor allen Dingen mit dem Bau der englischen Sprache gründlich vertraut sein; auch muß die vorhergegangene Lektüre schon eine derartige gewesen sein, daß sie auf das Verständniß jenes Dichters systematisch vorbereitete. Shakespeare soll nicht behandelt werden, wie man z. B. einige der alten Classiker an den amerikanischen Hochschulen traktirt. Kaum hat da der Zögling einige Elementarregeln der Grammatik auswendig gelernt, so giebt man ihm schon Cäsar's gallischen Krieg, oder wohl gar schon die Aeneide in die Hand und denkt nicht, daß man damit dem Schüler eine Qual aufbürdet, die ihm die Classiker für sein ganzes Leben verleidet. Man sehe sich z. B. einmal die sonst so ausgezeichnete Ausgabe der ersten sechs Bücher der Aeneide von Prof. Searing an, und man wird Anmerkungen und Notizen darin finden, die für einen deutschen Quintaner schon längst einem überwundenen Standpunkte angehören. Daß man auf ähnliche Weise auch die Classiker der englischen Literatur studirt, zeigt z. B. das Werk des Prof. March „Method of philological study of the English Language" und eine große Anzahl anderer Werke. In dieser Hinsicht kann Hudson's Verdienst nicht hoch genug angeschlagen werden; er ist ein Reformator auf seinem Gebiete. Er stellt das Studium Shakespeare's höher als das irgend eines andern Autors. Deshalb klagt er auch mit Recht, daß es bis jetzt noch höhere Schulen in Amerika gebe, die größeren Werth darauf legten, Racine und Molière grammatikalisch zu zerfleischen, als sich mit Shakespeare zu beschäftigen und ein ehrliches Englisch zu sprechen. Die Zöglinge amerikanischer Anstalten sollen vor allen Dingen in der englischen Literatur zu Hause sein; dieselbe soll aber nicht den fremden Classikern den Platz räumen.

Man sieht: Hudson ist ein kerniger Patriot; ja, er ist sogar noch mehr, er ist ein ächter amerikanischer Knownothing, der für Alles, was nicht englisch ist, nicht sonderlich eingenommen ist. Diese Eigenheit theilt er übrigens mit den meisten strenggläubigen Geistlichen Amerika's; auch mag dazu der Umstand wesentlich beigetragen haben, daß er mit der Kenntniß der neueren Sprachen auf sehr gespanntem Fuße steht. In der deutschen Literatur ist er so gut wie gar nicht zu Hause, und von welchem Nutzen wären doch die Resultate der deutschen Shakespeare-Forschung für ihn gewesen! Hudson ist Autobidact und leidet auch an der gewöhnlichen Einbildung und Selbstüberschätzung solcher Leute. Wenn er hin und wieder einmal Gervinus oder Schlegel citirt, so thut er dies deshalb, weil die Werke derselben in das Englische übersetzt worden sind und ihm daher zugänglich waren.

Hubson's Einleitungen zu jedem Stück sind kurz und bündig, mitunter nehmen sie nur zwei Druckseiten ein. Da die Stereotypplatten durch den häufigen Gebrauch abgenutzt und theilweise unbrauchbar wurden, und es sich herausstellte, daß jene Einleitungen denn doch etwas zu knapp gehalten waren, auch jener Schulausgabe in den Rolfe'schen Editionen der Werke Shakespeare's eine gefährliche Concurrenz erwuchs, so veranstaltete Hudson eine neue, umgearbeitete Ausgabe der einzelnen Stücke, wovon bis jetzt 23 Bändchen erschienen sind. Dieselben zeichnen sich durch ein handliches Format, schönen, klaren Druck und durch eingehende einleitende Charakterschilderungen der handelnden Personen aus. Die Noten stehen theilweise unter jeder Seite, theils aber auch sind sie in einem besonderen Anhange enthalten. Aehnlich ist auch die sogenannte "Harvard Edition" eingerichtet, die ebenfalls die Noten von untergeordnetem Werthe in einem Anhange bringt. Die Einleitungen sind mit einigen Abänderungen Hudson's "Shakespeare's Life, Art and Characters" entnommen; bei der Ausarbeitung der Noten ist ihm Joseph Crosby behilflich gewesen, was er auch dankbar anerkennt.

Anfangs 1880 begann Hudson die Publikation der sogenannten "Harvard Edition" der sämmtlichen Werke Shakespeare's, die nun vollständig in zehn Doppelbänden vorliegt. Es ist dieses eine Volksausgabe, die mit großer Marktschreierei angekündigt wurde, und von der sich, weil man weiß, daß Hudson dieselbe für die beste aller bis jetzt erschienenen Ausgaben hält, sicherlich etwas Außerordentliches erwarten ließ. Bei der Durchsicht derselben fanden wir uns jedoch schmerzlich getäuscht. Daß die Noten darin dieselben wie in der neuen Schulausgabe sind, haben wir bereits bemerkt; die Einleitungen hingegen sind seiner ersten Schulausgabe entnommen und daher lange nicht so ausführlich wie die der neuen. Wesentlich Neues hat er also nicht gebracht. Er giebt nur solche Erklärungen, die zum Verständnisse des Textes absolut nöthig sind. Er drängt sich mit seiner Weisheit nicht vor, sucht auch nicht, wie so viele andere Commentatoren, Schwierigkeiten da auf, wo eigentlich gar keine existiren. Er will dem Leser auch etwas zu denken übrig lassen. Auch in Bezug auf die Revision des Textes geht er die goldene Mittelstraße und behält das Alte bei, wenn ihn nicht ganz schwerwiegende Gründe zur Annahme einer neuen Lesart drängen. Er weiß auch den Unterschied zwischen einer Volksausgabe und einer nur für Gelehrte bestimmten, wie z. B. der „Variorum edition" von Furneß, sehr wohl zu machen, und hält letztere durchaus nicht für überflüssig. Die der „Harvard Edition" voranstehende Biographie Shakespeare's ist ebenfalls dem Werke „Shakespeare's Life, Art and Characters" entnommen. Er giebt darin nur Dasjenige, was man als historisch wahr annehmen kann; auf Konjekturen läßt er sich überhaupt sehr selten ein. Seinen Vorgänger White, dem er gelegentlich etwas am Zeuge zu flicken sucht, hat er übrigens doch nicht so sehr „überboten", wie er wohl beabsichtigte.

In dem zweibändigen Werk „Shakespeare's Life, Art and Characters" bespricht Hudson die Entwickelung des Schauspiels in England. Er bringt Aufsätze über die Mirakelspiele, die Moralitäten und über die Zeitgenossen Shakespeare's, von denen keiner auf tiefem Studium beruht, weshalb sie auch für den Literaturkenner schwerlich etwas Neues enthalten. Das Beste in diesem Buche sind noch die Charakteristiken der dramatischen Personen Shakespeare's; in seiner Abhandlung über das Wesen der Kunst zeigt er sich zu sehr als einseitiger Geistlicher, der da glaubt, das Wahre, Gute und Schöne habe nur durch das Christenthum die ächte Weihe erhalten. Hudson ist der Ansicht Schlegel's, daß alle Kunstformen ihren Ursprung in der religiösen Natur des Menschen hätten; nimmt man statt dessen das Gemüthsleben als die Grundlage der Kunst an, dürfte man eher auf der richtigen Spur sein.

Im Oktober 1880 erschien im Boston Sunday Herald ein längerer Artikel über Hudson, in welchem derselbe der Carlyle Amerika's genannt wird, ein Epitheton, durch das sich der Betreffende sicherlich sehr geschmeichelt gefühlt hat. Der Verfasser jenes, sicherlich nicht ohne äußere Anregung geschriebenen Artikels vergaß jedoch zur Begründung seines Satzes die nöthigen Parallelen zu ziehen; vielleicht vergaß er es auch absichtlich, denn es war ihm wohl klar, daß es keine heterogeneren Charaktere giebt als Hudson und der nun verstorbene Carlyle. Vielleicht können wir ihm etwas nachhelfen.

Carlyle rauchte gern aus einer langen Thonpfeife und bedauerte sehr, daß es die Steuerverhältnisse den ärmeren Klassen Englands nicht erlaubten, sich einer Cigarre erfreuen zu können, weßhalb er den Schmuggel gut hieß; Hudson raucht auch.

Carlyle drückte sich in einem Gespräch, das er einst mit dem blinden amerikanischen Geistlichen, Vorleser und Schriftsteller Milburn führte, sehr derb über die Methodisten aus; Hudson wird ihm dies wohl nicht nachmachen, ist er doch „Professor of Shakespeare" an der Boston University, also an einer der Hauptlehranstalten der Methodisten. Carlyle hatte im Umgange etwas Angenehmes und Einnehmendes; Hudson's Offenheit aber, die er so gerne zur Schau trägt, und die sehr häufig an Grobheit grenzt, wirkt in hohem Grade abstoßend.

Carlyle war nervös, feurig, groß und schlank; dasselbe läßt sich auch von Hudson sagen. Carlyle trug, wenn er ausging, einen Stock; Hudson nicht. Carlyle liebte deutsche

Kunst, Wissenschaft und Literatur und suchte auch seinen Landsleuten das Interesse dafür beizubringen; Hudson hat in seinem ganzen Leben noch kein deutsches Buch gelesen, viel weniger für deutsche Forschungen Propaganda gemacht. Carlyle besitzt Witz, Schlagfertigkeit, gesunden Sarkasmus und Originalideen; Hudson nichts von allem diesem. Carlyle beschloß, kein Prediger zu werden, weil er mit dem Glauben seiner Väter auf gespanntem Fuße stand; Hudson ließ sich noch in seinen reiferen Jahren als Geistlicher ordiniren und setzt heute noch seinem Namen stolz das „Rev." vor, und veröffentlichte auch einen Band Predigten. Carlyle war vielseitig, Hudson hingegen ist einseitig. Doch Scherz beiseite: Hudson hat seine großen Verdienste und dieselben wollen wir ihm am allerwenigsten schmälern. Amerika hat ausgezeichnete Shakespeare=Forscher, doch finden ihre Werke nur in engbegrenzten Kreisen Aufnahme; Hudson hingegen kann sich rühmen, daß er mehr als irgend ein lebender Literarhistoriker dazu beigetragen hat, Shakespeare's Werke der großen Masse zugänglich und verständlich gemacht zu haben.

Wie bereits angedeutet wurde, ist Hudson in William J. Rolfe ein gefährlicher Konkurrent erstanden. Derselbe hat nämlich im Harper'schen Verlage zu New=York eine Serie von Schulausgaben Shakespeare'scher Dramen herausgegeben, die äußerst prachtvoll ausgestattet sind, wenngleich sich auch Manches gegen die darin befindlichen Illustrationen mit Recht einwenden läßt. Daß Rolfe die kurzen, aber zahlreichen und zum großen Theile auf eigenen Forschungen beruhenden Anmerkungen jedesmal an den Schluß des Stückes setzt, verursacht dem Schüler einen Zeitverlust, was er leicht dadurch hätte vermeiden können, daß er dieselben auf den betreffenden Seiten des Textes angebracht hätte. Jene Ausgaben werden von zahlreichen amerikanischen Schulen gebraucht, und es haben besonders „Merchant of Venice" und „Julius Cäsar" eine außerordentliche Verbreitung gefunden.

Um das Studium Shakespeare's an den höheren Schulen zu encouragiren, hat die „New Shakspere Society" von England einen aus ihren Publikationen bestehenden Preis ausgesetzt, den sie jährlich solchen Schülern verabreichen läßt, die über irgend ein Shakespeare'sche Schauspiel die gediegenste schriftliche Arbeit einliefern. Dieser Preis ist nun im Jahre 1681 von zwei Amerikanerinnen, nämlich durch Emma Mertins aus Alabama und Hannah Wilson aus Südcarolina, beide Schülerinnen des Hollins=Institutes in Virginien, davongetragen worden. Die sich auf das Trauerspiel „Hamlet" beziehenden Examinationsfragen waren historischen, philologischen und ästhetischen Charakters und von Furneß in Philadelphia aufgestellt worden; die Beantwortung derselben wurde an Joseph Crosby in Zanesville gesandt, der sich so günstig darüber aussprach, daß sich Prof. Taylor Thom, der enthusiastische Lehrer der englischen Literatur an genanntem Institute, veranlaßt fühlte, jene Arbeiten drucken und dem alten Furnivall, Präsidenten der „New Shakspere Society," einzusenden. Auch dieser drückte in einem längeren Schreiben seine Freude über die Arbeiten der beiden Preisbewerberinnen aus und ließ denselben die photolithographirten Hamletausgaben der Jahre 1603 und 1604 zugehen. Jene Anstalt kann auf diese Anerkennung stolz sein.

An kein Werk Shakespeare's lassen sich verfänglichere und schwierigere Prüfungsfragen knüpfen als gerade an „Hamlet." Jene Damen hatten natürlich keine Ahnung, welche Fragen ihnen zur Beantwortung unterbreitet würden, und sie mußten also sicherlich ihren ganzen „Hamlet" nach allen Richtungen hin durchstudirt haben, ehe sie es wagen konnten als Preisbewerberinnen aufzutreten. Ihre Antworten bilden eine Broschüre von 34 Seiten. Darin haben sie uAlskunft über die geschichtliche Grundlage jener Tragödie, den Hauptunterschied zwischen den Quartoausgaben aus den Jahren 1603 und 1604, die Ansichten Coleridge's, Goethe's, Taine's und Hudson's über Hamlet's Charakter, die Bedeutung einiger Wörter in der Zeit Shakespeare's und der jetzigen, Beispiele doppelter, in den Schriften dieses Dichters enthaltenen Komparative u. s. w. Die Antworten zeigen, daß sich die Verfasserinnen nicht allein in Abbot's „Shakespeare=Grammatik," sondern auch in der Furneß'schen „variorum edition" von „Hamlet" fleißig umgesehen hatten. Mit allen Antworten kann man übrigens doch nicht einverstanden sein, wie sich denn überhaupt in Bezug auf einige der aufgeworfenen Fragen wohl niemals Einstimmigkeit erzielen läßt: So wird das Wort „eisel" in der Frage „Woo't drink up eisel" als der angelsächsische Ausdruck für Essig erklärt, wo doch das neuerdings dafür substituirte und von den besten Shakespeare=Kennern adoptirte „nilus" so nahe liegt und mit den folgenden Worten „eat a crocodile" in so engem Zusammenhange steht.

Die besonders von Hudson so hartnäckig vertretene Idee, daß Hamlet nicht absichtlich zuweilen den Wahnsinnigen spiele, sondern daß er wirklich wahnsinnig sei, wird von den beiden jungen Damen entschieden bekämpft, was ja im Grunde genommen keine schwere Aufgabe war; aber wir glauben nicht, daß sich jener alte, hartnäckige Forscher dadurch beirren läßt; denn wenn sich derselbe einmal auf ein Steckenpferd gesetzt hat und nur einigermaßen sicher darauf zu sitzen glaubt, dann reitet er es der ganzen Welt zum Trotze weiter. In einem Punkte aber folgen sie ihm: sie erklären sich nämlich ebenfalls dafür, daß die Worte „the rest is silence" nicht von Hamlet, sondern von Horatio gesprochen werden sollten; ihre Gründe jedoch können durchaus nicht für überzeugend gelten. Die ganze Frage verdankt überhaupt nur der Sucht ihren

Ursprung, Schwierigkeiten da zu suchen, wo keine sind. Hamlet ist am Ende seines Lebens angekommen; bisher hatte er zu viel geredet, nun aber war er, wenn auch anders als er wollte, seiner Aufgabe endlich nachgekommen; der Rest war also Schweigen. Die Schuldigen hat der Tod ereilt und er selbst ist demselben nahe; was also noch reden? Horatio war ja der einzige überhaupt, der ihn recht verstanden hatte und der die Beweggründe seiner Handlungen kannte. Sollte Hamlet vielleicht noch Enthüllungen über die Schuld seiner Mutter machen? Nein; er konnte mithin wohl sagen, daß der Rest Schweigen sei.

Mit der Wahnsinnstheorie haben viele Shakespeare-Kenner Hamlets rauhe Behandlung der Ophelia in der ersten Scene des dritten Aktes entschuldigen wollen. Giebt man nun jene Theorie auf, so übernimmt man unbedingt die Aufgabe, nach anderen Gründen für Hamlets Benehmen zu suchen. Dies haben denn auch die beiden Preisbewerberinnen gethan und Hamlets Worte zu entschuldigen gesucht. Hamlet hatte sich, wie sie argumentiren, von der Schwachheit seiner früher über Alles geliebten Mutter überzeugt, und weil er sich so schmerzlich in seinem Heiligsten getäuscht sah, so ist es ihm wohl zu verzeihen, wenn er die ganze Frauenwelt nach seiner Mutter beurtheilte. Nun aber zeigt sich auch Ophelia wankelmüthig und erniedrigt sich sogar dazu, ihrem Vater Spionsdienste zu verrichten. Dies merkt Hamlet natürlich augenblicklich und sagt ihr daher bittere Wahrheiten, aber so, daß sie dieselben nicht versteht, weshalb sie ihn für wahnsinnig hält. Rechnet man fernerhin noch dazu, daß alle englischen Bühnenanweisungen Claudius und Polonius als heimliche, dem Publikum sichtbare Horcher auftreten lassen, so verlieren Hamlet's Worte auch schon dadurch an ihrer scheinbaren Härte; denn es wird alsdann angenommen, Hamlet wisse um ihre Anwesenheit und wolle den Zweck derſelben vereiteln. Wir hätten gerne geſehen, wenn jene Damen dieſe Scene ausführlicher behandelt hätten, beſonders da ſie durch ihre kurzen Bemerkungen genügend zeigen, daß ihnen die richtige Auffaſſung vorſchwebte.

Hamlet hatte ſich unſtreitig mit dem Glauben geſchmeichelt, Ophelia's Liebe zu ihm ſei ſtärker als jeder Befehl ihres verſchmitzten Vaters; nun aber ſah er ſich ſchmerzlich getäuſcht. Sie brachte ihm ſeine Geſchenke wieder und erniebrigte ſich, wie geſagt, zu Spionsdienſten. Einem ſolchen wankelmüthigen Mädchen aber hatte Hamlet nie etwas geſchenkt; ein ſolches Mädchen, das ſo leicht zu beeinfluſſen war, hatte er nie geliebt. Und als ſie ſich nun ob ſeiner Antworten entſetzt, fragt er ganz berechtigt, ob ſie ehrlich ſei und fügt hinzu, daß ſie ihre Schönheit mit ihrer Ehrlichkeit keinen Umgang pflegen laſſen ſollte, weil letztere dadurch ſicherlich unterdrückt würde, wie es ja die Jetztzeit beweiſe. Dem Hamlet hatte ſie nicht geglaubt, dafür ſich aber ſchlechteren Einflüſſen geneigt gezeigt, weshalb ſie nun am beſten in ein Nonnenkloſter ginge. Der Verleumdung werde ſie ja doch nicht entgehen, auch wenn ſie ſo keuſch wie Eis und ſo rein wie Schnee ſei. Auf die Frage, wo ihr Vater ſei, antwortet ſie: „zu Hauſe", und ſteht ſomit nach den engliſchen Bühnenanweiſungen offenbar als Lügnerin da. Wenn ſie heirathen wolle, ſolle ſie ſich einen Narren nehmen, denn auf einen vernünftigen Mann habe ſie ja doch keinen Anſpruch. Wenn ſie ſich aber nicht zur Fortpflanzung von Sündern hergeben wolle, ſo ginge ſie am beſten in ein Nonnenkloſter, wozu ſie ja auch ihre jetzige troſtloſe Lage treibe. Gott hat ihr ein treues, ſchönes Geſicht gegeben; ſie aber hatte ſich auf einmal ein anderes aufgeſetzt und dadurch ihr trauriges Schickſal beſchleunigt. Ein Kloſter war alſo noch der letzte Zufluchtsort für ſie.

Dieſe Scene iſt unſtreitig eine der ſchwierigſten für den

Hamletdarsteller; in der erzwungenen Bitterkeit muß er doch die
innigste Theilnahme für Ophelia durchblicken lassen, denn
sonst erscheint Hamlet zu rauh und rücksichtslos, besonders
auf der deutschen Bühne, die sich mit der heimlichen An=
wesenheit von Claudius und Polonius nie befreundet hat.
Hamlet muß scheinbar ruhig und nicht „like one of those har-
lotry players," wie Frau Quickley sagt, sprechen und handeln
und seine innere Erregung mimisch anzudeuten versuchen, wenn
er nicht die Kritiker, die an dieser Scene so viel auszusetzen
haben, in ihrem absprechenden Urtheile bestärken will.

Man möchte in Anbetracht des Berges von Kommentaren
über Hamlet beinahe glauben, es sei gar nicht möglich, über=
haupt noch etwas neues über den Dänenprinzen zu sagen,
und doch ist das scheinbar Unmögliche geschehen, und zwar
in Gestalt eines kleinen 1881 zu Philadelphia erschienenen
Buches, das den Titel „The Mystery of Hamlet" führt
und Edward P. Vining, einen zu Omaha lebenden Fracht=
agenten der Pacificbahn zum Verfasser hat. In der Ein=
leitung gesteht dieser Colombus auf dem Gebiete der Sha=
kespeare=Forschung ruhig ein, daß er nicht erwarte, sein
Büchlein werde beifällig aufgenommen; die meisten würden
es ungelesen lassen und andere die Schale ihres Zornes dar=
über ausgießen. Und der Verfasser hat sich auch nicht im
mindesten getäuscht.

Vining, das muß man ihm lassen, hat den Hamlet oft
durchgelesen, trotzdem aber ist ihm der eigentliche Charakter
desselben völlig unklar geblieben. Warum, fragt er, schwankt
Hamlet beständig hin und her und kommt nie zu einem festen,
männlichen Entschluß? Wie kommt es, daß er auf die sonder=
bare Idee verfällt, sich wahnsinnig zu stellen? Warum be=
handelt er ein Mädchen, das ihn wirklich liebt, roh und
gemein? Dies sind die Fragen, die nach der Ansicht Vinings
bis jetzt noch nicht genügend beantwortet worden sind, die

aber unbedingt eine Erklärung fordern. Dieser Oedipus nun will Vining sein. Er erzählt in seinem Büchlein eine Menge Geschichten, die jedem Shakespearekenner längst bekannt sind, und deren Authenticität keineswegs unantastbar ist, die aber im Grunde genommen mit der von ihm entwickelten Theorie nicht das Geringste zu thun haben. Vining zeigt, daß es doch noch Neues unter der Sonne giebt.

Hamlet, der nichts Männliches an sich hat, der weder Energie noch Schnelligkeit des Handelns besitzt, wird trotz alledem von der gesammten Menschheit bewundert und verehrt; wie kommt das? Es giebt einen männlichen und weiblichen Typus; Hamlet fehlen unstreitig die Eigenschaften des erstern, wofür er aber die des letztern besitzt. Lady Macbeth war ein Mannweib, und Hamlet das Gegentheil; hätten beide ihren Charakter vertauscht, so existierten die betreffenden Tragödien einfach nicht. Hamlet mit dem Herzen der Lady hätte seinen Onkel augenblicklich, nachdem er dessen Schandthaten erfahren, erstochen.

Hamlet's simulirter Wahnsinn und der Versuch, sich durch ein Pantomimenspiel von dem Verbrechen des Claudius zu vergewissern, sind nach Vining strategische Maßregeln, auf die nur eine Frau verfallen konnte. Jordan's „Nibelungen" hat er demnach nicht gelesen. Vielleicht ist er auf die sonderbare Idee durch Robert Lowell's Novelle „Antony Brade" gekommen. Hamlet hat, wie Dr. Maudsley und auch Schlegel bemerken, eine natürliche Anlage zur Verstellung und seine oft schwach begründeten Befürchtungen sind im Grunde nur Vorwände, um den Mangel an Thatkraft zu entschuldigen; er redet zuviel und handelt zu wenig. Die Frau nur, argumentirt darauf basierend Vining, ist unfähig einen Kampf mit den Waffen in der Hand zu führen; sie verlegt sich stets auf's Ueberreden und Intriguieren. Wenn Worte tödteten, so hätte Hamlet sicherlich den an seinem Vater begangenen

Meuchelmord grünblich gerächt; denn er redet stets mehr als nothwendig. Hamlet ist ein Schwächling und wenn er sagt, „Schwachheit, dein Name ist Weib," so hätte er besser für das letztere Wort seinen eigenen Namen substituirt.

„Sein oder Nichtsein" ist für ihn eine wichtige Frage. Gelegenheit seinen Onkel zu ermorden hat er sicherlich genug gehabt; aber er befürchtet, daß eine solche That auch den Verlust seines eigenen Lebens nach sich zieht, und dieses Bewußtsein macht ihn zum Feigling. Der Liebe zum Leben wegen will er alles Ueble ertragen.

„Rather bear those ills he had,
Than fly to others that he knew not of."

So sieht Vining überall Zeichen der Weiblichkeit Hamlet's. Hamlet ist auch stets ein begeisterter Bewunderer männlicher Stärke und Tugenden, wohingegen er die Frauen der Tragödie stets mit bitterer Verachtung überhäuft. Jedes Geschlecht bewundert nur die specifischen Eigenschaften des andern, wohingegen es seine eigenen stets sehr gering anschlägt; Hamlet lobt die Männer („What a piece of work is man!"), folglich ist er das Gegentheil; das ist Vining'sche Logik.

Wie bereits angedeutet, hält Vining den Hamlet auch deshalb für roh und ungeschliffen, weil er der Ophelia, die doch zu dem Glauben berechtigt war, daß er sie liebe, die Worte zuschleudert, sie solle in ein Nonnenkloster gehen, denn er liebe sie nicht. Vining ist allerdings nicht der einzige, der jene an Sarkasmen reiche Scene mißverstanden hat, und es zeigt auch dieser Umstand wieder, daß er nicht berechtigt war, einen neuen Beitrag zur Hamletliteratur zu liefern. Shakespeare, meint er, muß in Folge der öfteren Ueberarbeitung jener Tragödie selbst zur Ueberzeugung gekommen sein, daß sein Held als Weib handle, welches durch äußere Umstände dazu verurtheilt war, den Prinzen zu spielen; ließ doch auch sonst Shakespeare seine Frauen gerne in Männerrollen auftreten.

Hamlet und Horatio sind fast immer bei einander, und ersterer ist seinem Freunde mit einer Liebe zugethan, wie man sie nur zwischen Mann und Frau erwartet; so unbarmherzig er auch oft andere behandelt, dem Horatio bringt er stets die aufrichtigste Liebe entgegen. Ja, Hamlet soll sogar eifersüchtig auf Ophelia sein und glauben, es bestehe ein zärtliches Verhältniß zwischen ihr und Horatio. Als hysterische Jungfrau ist Hamlet gegen das Heirathen eingenommen und hält dasselbe für gleichbedeutend mit dem Erzeugen von Sündern. Die schnelle Verehelichung seiner Mutter tadelt er auf echte Frauenmanier.

Auch für das Wetter hat Hamlet eine nur an Frauen gewohnte Empfänglichkeit: „The air bites shrewdly; it is very cold," sagt er, als er auf die Erscheinung des Geistes wartet. Er besitzt die physische Schwäche und Muthlosigkeit einer Frau, denn als ihn Laertes im Grabe der Ophelia anpackte, ward er schnell überwunden und bat ihn flehentlich, doch die Hand von seinem Halse zu nehmen.

Hamlet ist also sicherlich eine Jungfrau! Seine Eltern hatten einen Sohn erwartet, der dann einst zum Nachfolger seines königlichen Vaters erwählt werden sollte; statt dessen aber ward ihnen eine Tochter geboren, die sie aus politischen Gründen für einen Sohn ausgaben. Es wundert uns nur, daß die Königin ihrem Geliebten Claudius, mit dem sie doch schon zu Lebzeiten ihres rechtmäßigen Gemahls im allerintimsten Verhältnisse stand, dies nicht ausgeplaudert hat; denn die Frauen sind doch im Allgemeinen die unzuverlässigsten Bewahrerinnen wichtiger Geheimnisse. Der Geist redet Hamlet auch niemals Sohn an! Wenn Hamlet von sich als Sohn spricht und ihn auch seine Mutter so nennt, so thun beide dies in Folge langjähriger Gewohnheit. Hamlet spricht sogar an einer Stelle von seinem Barte, was Vining übrigens nur als eine sprichwörtliche Redensart bezeichnet. Daß die meisten Hamletspieler bartlos auftreten, hat seinen Grund in einer aus Shakespeare's Zeit stammenden Tradition. Man sieht, Vining probirt sein Möglichstes die Kritik zu entwaffnen, trotzdem aber wird er schwerlich irgend einen Hamletkenner zu seiner Ansicht bekehren. Für die meisten wird sein Buch „an inviting target for the shafts of ridicule," wie er selber frei und offen in der Einleitung sagt, bleiben.

Wer, da beabsichtigt, aus Shakespeare ein Lebensstudium zu machen, kann ohne die von Horace Howard Furneß in Philadelphia besorgte „variorum edition" nicht mehr fertig werden. Furneß ist ein Mann in mittleren Jahren, der dem Advokatenstande angehört, seinen Beruf jedoch deshalb nicht mehr ausüben kann, weil er seit geraumer Zeit an Taubheit leidet, so daß man nur mittelst einer Ohrtrompete mit ihm sprechen kann. In Gesellschaften geht er wenig; an einem Concerte kann er sich nicht erfreuen, und so hat er denn Shakespeare zu seinem Tröster erkoren. Möge es ihm beschieden sein, daß er sein monumentales Werk glücklich zu Ende bringt, und mögen allen Shakespeare=Verehrern auf der ganzen Erde die Mittel zu Gebote stehen, sich jeden theuren Band seiner Ausgabe anschaffen zu können. Diese Ausgabe ist für den Editor nicht allein mit angestrengter Arbeit, sondern auch mit großen Geldopfern verknüpft, da er die Herstellungskosten eines jeden Bandes zum größten Theile aus eigener Tasche zu bestreiten hat. Furneß ist nun glücklicherweise ein reicher Mann und kann sich dieses Vergnügen daher schon erlauben.

Der erste Band, Romeo und Julie behandelnd, erschien 1871, also 50 Jahre nach der durch Boswell besorgten „variorum edition". Trotzdem letztere zahlreiche Mängel, auf die man von Jahr zu Jahr mehr aufmerksam wurde, enthielt, so war sie doch immer die Vorrathskammer, aus der die Textkritiker schöpften. Nun aber hat die Shakespeare-Forschung erstaunliche Fortschritte gemacht; es sind Knight, Ulrici, Delius, White, Halliwell, Hudson, Elze u. s. w. aufgetreten, und es war nun wünschenswerth, die Resultate dieser Forscher in einer neuen Variantenausgabe zusammen zu stellen. Diesem Bedürfnisse half die sogenannte, von Clark, Glover und Wright besorgte „Cambridge edition" nur theilweise ab, so daß also für Furneß noch Arbeit genug übrig blieb. Er giebt in den bisher erschienenen Bänden sämmtliche Lesarten der alten Folio- und Quarto-Ausgaben und der nach Dutzenden zählenden anderen Editionen. Mitunter bringt er nur zwei Zeilen Text auf einer Seite, da die erklärenden Stellen verschiedener Autoren den übrigen Raum beanspruchen. Er giebt ausführliche Auszüge aus den Werken englischer, deutscher und französischer Kritiker; über die so viel kommentirte Stelle „that runaway's eyes may wink" hat er alles Lesenswerthe, was die Vertreter verschiedener Ansichten veröffentlicht haben, zusammengestellt und dann dem Leser überlassen, sich ein eigenes Urtheil zu bilden.

„Macbeth" erschien 1873; demselben ist D'Avenant's Version aus dem Jahre 1674 beigedruckt, sowie auch die Stellen aus Holinshed's Chronik, die Shakespeare den Stoff lieferten.

„Hamlet" erschien 1877 in zwei Bänden. Diese Ausgabe fand so günstige Aufnahme, daß sie zwei Jahre darnach neu aufgelegt werden mußte. Sie ist der deutschen Shakespeare-Gesellschaft gewidmet, deren Ehrenmitglied Furneß ist. In der betreffenden Widmung wird unter Anderem gesagt, daß die neueste Geschichte den poetischen Ausspruch Freiligrath's „Deutschland ist Hamlet" Lügen gestraft habe. Diese Ausgabe ist eine ganze Hamletbibliothek in nuce.

Der erste Band enthält den Text und der zweite die

Kommentationen sowie die getreue Wiedergabe der aus dem
Jahre 1603 stammenden Quartoausgabe, die sich bekanntlich
von den anderen wesentlich unterscheidet. Fernerhin enthält
der zweite Band „The Hystorie of Hamblet", eine englische
Uebersetzung der alten deutschen Tragödie „der bestrafte
Brudermord" und eine ausführliche Discussion der Frage,
ob Hamlet wahnsinnig gewesen sei, oder nicht. Furneß selbst
ist der Ansicht, die überhaupt neuerdings von den meisten
Literarhistorikern adoptirt worden ist, er sei nicht wahnsinnig
gewesen; Hudson behauptet steif und fest das Gegentheil und
stützt sich dabei auf das sehr zweifelhafte Zeugniß eines
Irrenarztes. Auch giebt Furneß die Ansichten verschiedener
hervorragender Schauspieler über den Charakter Hamlets.
Von den Hamletforschungen der Deutschen spricht er mit
wohlthuender Wärme und zeigt überhaupt bei jeder Gelegenheit, daß er die Verdienste Deutschlands um Shakespeare
wohl zu würdigen weiß. Er läßt der deutschen Textkritik
vollkommene Gerechtigkeit widerfahren und sagt, mit Schmidts
Lexikon und den Jahrbüchern der Shakespeare=Gesellschaft
in der Hand wäre es Vermessenheit, Deutschlands Verdienste
schmälern zu wollen. Es gewährt, sagt er, einen erhabenen
Anblick, wenn man sich die vielen Arbeiten vergegenwärtigt,
die Deutschland allein über „Hamlet" geliefert hat; wer
dort über Shakespeare schreibe, schreibe sicherlich auch über
„Hamlet". Man gebe einem Deutschen eine Druckerpresse,
und in kurzer Zeit wird eine Abhandlung über den Prinzen
von Dänemark daraus hervorgehen. Der Enthusiasmus für
jenes Trauerspiel ist trotzdem in Deutschland noch lange nicht
erstorben, denn selten vergeht ein Jahr, das uns nicht min=
destens eine Schrift darüber bringt. In Furneß' Hamlet=
ausgabe, die von einem erstaunlichen Bienenfleiße und von
großer Ausdauer im Sammeln des nöthigen Materials aus
aller Herren Länder zeugt, wird auch der Bühnenkünstler

manches Werthvolle finden, wonach er sonst ganze Bibliotheken durchstöbern müßte.

1880 erschien „Lear", ebenfalls nach dem angedeuteten Plane bearbeitet. Furneß fand in seiner Frau eine treffliche Mitarbeiterin, die auch 1875 eine „Concordance to Shakespeare's Poems" selbständig herausgab.

Auch die amerikanischen Essayisten haben es sich nicht nehmen lassen, in Schriften und Abhandlungen die Größe Shakespeare's zu predigen. Dahin gehören Calvert, Ruggles, Sniber, Leigthon, Emerson, Lowell, Giles, Very u. s. w. George H. Calvert, bekannt als Dichter und optimistischer Aesthetiker, veröffentlichte seine Studie über Shakespeare im Jahre 1879 zu Boston. Wie alle Werke Calverts, so ist auch dieses nur geschrieben, um einem inneren Drange, jeden poetischen Liebling durch ein Buch zu verherrlichen, zu entsprechen. Calvert aber ist kein Forscher, sondern nur ein genießender Spaziergänger auf dem Gebiete des Schönen; er pflückt die ihm gefallenden Blumen ab und bindet sie zu einem Strauße zusammen, den er dann der Welt zum Geschenke macht. Er ist ein Freund der Blumen, aber kein Botaniker. Neues bietet er in diesem Buche auch nicht das geringste; eigene Ideen hat er nicht, und so borgt er sich dann gelegentlich einige von dem geistreichen Irländer Giles. Natürlich bringt er in seinem überflüssigen Buche auch einen überflüssigen Aufsatz über „Hamlet", über den er schon in seinen „Brief Essays and Brevities" (Boston 1874) leeres Stroh gedroschen hatte. Dasselbe läßt sich auch von dem Aufsatze des 1879 verstorbenen Jones Very, der in dessen „Essays and Poems" (Boston 1839) enthalten ist, sagen.

Wegen Abhandlungen über „Hamlet" braucht man wahrhaftig nicht nach Deutschland zu gehen, wie Furneß meint, denn auch Amerika ist reichlich mit denselben gesegnet. So nimmt denn auch in dem auf sorgfältigem Studium und vorurtheilsfreiem Nachdenken beruhenden Buche „The Method of Shakespeare as an Artist" (New-York 1870) von Henry Ruggles die Abhandlung über Hamlet den größten Theil des Raumes ein. Ruggles sucht in seinem geistreichen Buche an zahlreichen Beispielen darzuthun, daß Shakespare in jedem Stücke, eine gewisse moralische Idee zur Anschauung bringen wollte; dieselbe bilde den Faden jeder Dichtung und jede handelnde Person stehe im Dienste derselben. Um diesen Schwerpunkt bewegt sich Alles wie die Planeten um die Sonne. Zur Erklärung dieser Ansicht giebt Ruggles eine Analyse vom „Heiligendreikönigsabend" („Twelfth night"), „Hamlet" und „Macbeth". Im „Hamlet" steht der Mensch als verantwortliches und unsterbliches Wesen da, der in Folge seiner Schwachheit vom eigenen Gewissen verdammt wird. Der Zufall spielt auch eine große Rolle, aber nur um dem angedeuteten Endzwecke zu dienen. Im Tod des Polonius, im Ertrinken der Ophelia, im Trinken des Giftbechers und im Verwechseln der Waffen haben wir nur das gerechte Gericht Gottes zu erblicken. „There's a divinity that shapes our ends, Rough — hew them how we will." Wir sehen mit anderen Worten, daß der Sünder der Sünde Knecht ist und daß es der Fluch der bösen That ist, fortzeugend Böses gebären zu müssen. Horatio ist zuletzt der einzige Mann, der von dem hereinbrechenden Sturme verschont bleibt.

Hamlet besitzt hohe intellectuelle und moralische Eigenschaften; sein Gefühl und seine Phantasie übersteigen jedoch das Normalmaß, was seinen Untergang nach sich zieht. Hamlet ist leicht erregbar, aber es fehlt ihm der Muth, seiner augenblicklichen Stimmung durch die That Ausdruck zu verleihen; er hat zu viel gedacht, um noch praktisch sein zu können. Der fingirte Wahnsinn paßt am besten zu seinem Temperamente; feige aber ist er nicht. Er soll eine That ausführen, gegen die sich sein Gewissen sträubt. Seinem

Verhältnisse zur Ophelia hat Ruggles besondere Aufmerksamkeit geschenkt; doch würde es hier zu weit führen, wenn wir seine Ansichten ausführlich mittheilen wollten.

Hamlet wird in seinem Verhältnisse zu Gott, Macbeth hingegen in seinem Verhältnisse zum Staate geschildert. Ruggles zeigt sich überall als selbständiger Denker, der dem blinden Autoritätsglauben keinen Geschmack abgewonnen hat.

Auch George M. Miles, ein nun verstorbener Advokat aus Baltimore, veröffentlichte 1870 eine „Review of Hamlet," worin er zu beweisen sucht, daß der Grundcharakter des Dänenprinzen nicht Schwäche, sondern Stärke sei.

Ein herzstärkendes Buch ist „Human Life in Shakespeare" (Boston 1868) von dem Irländer Henry Giles. Giles ward im Jahre 1809 bei Gorny, Grafschaft Wexford, in Irland geboren. Seine Eltern, die zur katholischen Kirche gehörten, waren sehr unpraktische Leute, die allmählich durch ihre Unbesonnenheit ihr ganzes Vermögen verloren, so daß sie ihrem talentvollen Sohne nicht die gewünschte wissenschaftliche Erziehung angedeihen lassen konnten. Doch wußte sich derselbe bald so weit selber heranzubilden, daß er eine Lehrerstelle annehmen konnte. Da ihm jedoch die katholischen Dogmen zuwider waren, trat er öffentlich zum Protestantismus über, wodurch er natürlich sein Aemtchen einbüßte. Da sein Privatfleiß stets ein außerordentlicher war und er auch die Gabe der Rede in hohem Maße besaß, so nahmen sich die Unitarier seiner an und verschafften ihm in Schottland eine Predigerstelle, die er drei Jahre lang bekleidete. 1840 siedelte er nach den Vereinigten Staaten über. Seine mitgebrachten Empfehlungsbriefe halfen ihm wenig, so daß er sich in die Lage versetzt sah, sich allein Bahn brechen zu müssen. Die unitarischen Geistlichen interessirten sich für ihn und ließen ihn mehrmals in ihren Kirchen Vorlesungen über literarhistorische Themen halten. Da dieselben großen Anklang fanden, so wählte Giles diese Beschäftigung zu seinem Lebensberufe. Besonders fand er in Boston ein liebevolles Entgegenkommen, und der Andrang zu den in dem genannten Werke enthaltenen Vorlesungen, die er im dortigen Lowell=Institut hielt, war so groß, daß der Saal, der mit Sitzen für 1200 Personen versehen ist, die Zuhörer nicht alle fassen konnte, so daß also Giles jede Vorlesung zweimal halten mußte. In Boston verheiratete sich Giles; seiner Ehe entsproßten drei Kinder, von denen er zwei durch den Tod verlor. Während seines ganzen Lebens sind Armuth und Krankheit seine treusten Gefährtinnen gewesen.

In dem genannten, aus sieben Vorlesungen bestehenden Werke, wird der wachsende Einfluß Shakespeare's, seine Auffassung des menschlichen Lebens, seine Ansichten über Männer und Frauen und seine Stärke in der Komik und Tragik geschildert. Das Buch ist eine im elegantesten Feuilletonstile abgefaßte schöngeistige Causerie. Giles ist immer frisch, geistreich und anregend. Die stets wachsende Popularität Shakespeare's schreibt er dem Umstande zu, daß es der britische Dichter trefflich verstand, das weibliche Element vortheilhaft und naturgetreu zu repräsentiren. Der Literatur, der das Ewigweibliche fehlt, fehlt das erste Element der Humanität. Welche Frau liest heutigen Tages einen Rabelais, Swift, Montaigne oder Pope? Shakespeare hingegen bezaubert und erschreckt die Frauen; sie lieben und fürchten ihn zu gleicher Zeit. Shakespeare ist ein ganzer Mann; Schmeichler aber und Schwächlinge sind den Frauen verhaßt. Nicht die Kleinigkeitskrämer, sondern die im Lebenskampfe erprobten Helden gefallen ihnen. Shakespeare ist ferner der Dichter der Wahrheit, und jede seiner Gestalten besitzt einen Zug, durch den sie in Wahlverwandtschaft mit uns tritt. Jedes Alter und Geschlecht, jede Situation des Lebens hat in ihm einen unvergleichlichen Schilderer gefunden; sein Einfluß ist also naturgemäß ein beständig wachsender, währenddem andere Dichter der Vergessenheit anheimfallen.

Shakespeare ist auch ein Dichter der Moral; Dichtungen, die des ethischen Charakters entbehren, haben überhaupt keine Existenzberechtigung. Er zeigt uns das Laster in seiner gräßlichsten Blöße und zwar stets mit der Absicht, es uns verhaßt zu machen. Seine Werke sind das vollständigste Kompendium der Moralphilosophie, das jemals geschrieben wurde.

Shakespeare's Charaktere sind unabhängig von dem individuellen Fühlen, Dichten und Trachten ihres Schöpfers; nirgends ist ihre Freiheit durch seine Individualität beeinträchtigt worden. Er schreibt ihnen nicht vor, wie sie von rechtswegen handeln sollten, und nur dadurch ist ein wirkliches Drama möglich. Er führt uns die Vertreter mehrerer Glaubensbekenntnisse vor, ohne ein Anathema darüber zu sprechen, denn er ist ein Vorkämpfer der Toleranz.

Den Humor bringt Shakespeare hauptsächlich an Männern zur Anschauung; eine Frau macht er selten lächerlich, auch wenn sie es noch so sehr verdient. Werden die Frauen wahnsinnig, so geschieht dies durch Einwirkung äußerer Umstände; zu einem charakteristischen Narren aber gehört ein Mann. Für diese Schmeichelei sollten sich die Frauen unverzüglich bei Giles bedanken.

Shakespeare behandelt die Advokaten, Ärzte und Priester mit Hochachtung. Bei anderen Dichtern ist ersterer gewöhnlich ein verschmitzter Rabulist, der zweite ein Quacksalber und der dritte ein abgefeimter Heuchler. Stolze Prälaten tadelt er allerdings, aber dasselbe thut ja jeder unparteiische Geschichtsforscher.

Unter allen Shakespeare'schen Frauen ist Giles nur die naseweise und unfolgsame Jessica verhaßt, denn sie vergaß ihre Kindespflicht zu einer Zeit, wo sie sich derselben hätte am meisten erinnern sollen. Sie, eine Tochter Israels, überließ ihren Vater ruhig seinen Feinden, was er, trotzdem er sonst unrecht gehandelt, doch nicht an ihr verdient hatte. Gerade weil ihn alle Welt verdammte, hätte ihm die einzige Tochter Trost und Stütze sein sollen. Wenn der Mann, der mit ihr fortlief, ein Tagebuch hinterlassen hätte, so würde sie darin sicherlich als unverträgliche und unzuverlässige Frau figuriren. Aber weshalb sollen wir sie verachten? sie nahm doch den christlichen Glauben an! Ja wohl; sie vermehrte die Zahl der Schweinefleischesser. Schlegel hat nur wenige Worte des Tadels für Jessica; Ulrici meint, im Hinblick auf die notorische Schlechtigkeit ihres Vaters könne man sie unmöglich tadeln; Hudson sagt, entweder sei Jessica ein böses Kind, oder Shylock ein schlimmer Mann gewesen; letzteres sei erwiesen, doch sei er immer noch nicht so schlecht gewesen, um das Verhalten seiner Tochter zu rechtfertigen. Gervinus hat über diese Angelegenheit sehr wenig zu sagen, doch meint er, daß hier Jessica's Unrecht zum Recht geworden sei.

Den bei Shakespeare stark ausgeprägten Trieb zum Gelderwerb findet Giles ganz natürlich, ist doch dem echten Engländer zu allen Zeiten der Besitz von Reichthum eine Hauptsache gewesen. Armuth war und ist stets ein schlimmes Ding. „Thue Geld in deinen Beutel!" sagt daher Shakespeare irgendwo mit Recht. Der Angelsachse hat von jeher die Armuth als die natürliche Folge der Faulheit Energielosigkeit angesehen.

Giles ist ein großer Shakespeare-Enthusiast; den Spaniern ihren Calderon, den Italienern ihren den Engländern ihren Milton, Shakespeare aber gehört gesammten Welt.

Im Jahre 1877 ließ Denton J. Snider in St. Louis das zweibändige Werk „The System of Shakespeare's Dramas" erscheinen, welches eine recht befriedigende Aufnahme fand. Die einzelnen Kapitel dieses Werkes waren früher in dem von William T. Harris redigirten „Journal of Speculation Philosophy" und in der Monatsschrift „The Western" erschienen. Sniber ist außerdem Verfasser eines dreiaktigen Dramas, das er 1872 für Privatcirkulation in St. Louis drucken ließ und einer didaktischen Dichtung, die den Titel „Delphic Days" führt.

In seinem eben angeführten Werke über Shakespeare bekümmert er sich nicht im Geringsten um die Metrik und den Sprachgebrauch des Dichters; er baut keine Luftschlösser auf unbedeutende historische Notizen; es macht ihm keinen Unterschied, ob Shakespeare Protestant oder Katholik war, und ob die unter seinem Namen gehenden Werke aus seiner Feder oder aus der eines anderen stammen. Er will auch nicht die poetischen Schönheiten jener Schöpfungen analysiren, sondern vielmehr jedes Drama als einheitliches Ganze betrachten und die verwandten Dramen nach ihrem gemeinschaftlichen Principe gruppiren. Er hält, wie so viele andern, das Drama für die höchste Gattung der Poesie; seine Bemerkungen über das Epos, womit er dasselbe als Produkt nationaler Kindheit, worin die Freiheit des Handelns stets durch das Eingreifen höherer Mächte beschränkt werde, hinstellt, werden jedoch nur wenige gutheißen. Das Drama verfolgt nach Sniber ethische Zwecke; die Ethik aber besteht aus einer Anzahl Principien, deren Konflikte die Quellen der Handlung sind. Das Drama zeigt den Menschen in seiner Thätigkeit und läßt ihn die Folgen derselben tragen. Die ethische Welt ist kein Reich des Friedens. Die ethischen Gesetze sind den Diktaten der Vernunft unterworfen. Die ethische Welt besteht aus institutionellen und moralischen Elementen; erstere sind objektiv, also außerhalb des Menschen liegend, trotzdem sie ursprünglich das Produkt seines geistigen Schaffens waren; letztere existiren im Menschen und kontrolliren seine gesammte Thätigkeit.

Das institutionelle Element ist ein Erzeugniß menschlicher Vernunft und überhaupt die nothwendige Bedingung einer vernünftigen Existenz. Durch die äußeren Institutionen gehört der Mensch dem Gemeinwesen an und seine Selbstsucht wird untergraben. Tritt er dagegen auf, so ruft er Konflikte hervor, die bekanntlich Bedingung des Dramas sind.

Shakespeare hat hauptsächlich zwei institutionelle Elemente, nämlich die Familie und den Staat, berücksichtigt. Erstere beruht auf der Liebe, die sich als Gatten-, Eltern-, Kindes- und Geschwisterliebe manifestirt, was zur Folge hat, daß auch die Familie oft in ihrer zarten Ruhe gestört wird. Die Liebe zwischen Jüngling und Jungfrau war stets das ergiebigste Thema aller Literaturen. Die Liebe zwischen Ehemann und Eheweib wird öfters durch einen Dritten gestört, ebenso durch Untreue oder Unfreundlichkeit des Gatten oder der Gattin.

Der Staat ist die Institution, welche Jedem zu seinem Rechte verhilft; er wird gestört durch politische Agitation, die ihn vor Stagnation sichert; desgleichen auch durch blutige Rebellionen, die dann allen dankbaren Stoff für die dramatische Dichtung liefern. Die Kirche sucht institutionelle und moralische Elemente in sich zu vereinigen und geräth daher häufig mit dem Staate, der Familie und dem Individuum in Konflikt. Von diesen und ähnlichen Standpunkten aus bespricht Snider die Dramen Shakespeare's. Seine Sprache ist klar, leicht verständlich und ohne allen rhetorischen Schmuck.

Von sieben, Shakespeare zugeschriebenen Dramen veranstaltete 1848 der fruchtbare, südliche Romanschriftsteller Gilmore Simms (geb. 1806, gest. 1870) eine Ausgabe, die er mit Einleitungen und Anmerkungen versah.

Von den Essayisten, welche sich eingehend mit Shakespeare beschäftigten, ist vor allen Dingen auch der Dichter James Russell Lowell zu erwähnen, der in seinem Werke

„Among my Books" einen prachtvollen Aufsatz unter dem Titel „Shakespeare once more" veröffentlichte. Shakespeare war nach seiner Ansicht in der glücklichsten Zeitperiode geboren; die politischen Verhältnisse waren günstig, die Reformation hatte ein neues, geistiges Leben gebracht und die englische Sprache war so weit entwickelt, daß die höchsten Gedanken darin ausgedrückt werden konnten. Lowell macht auch auf mehrere Aussprüche griechischer Dichter aufmerksam, die mit Stellen aus Shakespeare's Werken auffallend übereinstimmen. Den Shakespeare-Forschungen der Deutschen zollt er hohes Lob, trotzdem er sonst auf diese Nation nicht gut zu sprechen sein soll. Wie Snider, so sagt auch Lowell in Bezug auf Hamlet, daß wenn derselbe wirklich wahnsinnig gewesen sei, dieses Drama eines jeden Zaubers verlustig gehe.

Auch John Bascom, der jetzige Präsident der Staatsuniversität von Wisconsin, widmet in seinem Werke „Philosophy of English Literature" Shakespeare liebevolle Worte; desgleichen Emerson in seinem Buche „Representative men."

Als Shakespeare's Statue im Centralpark zu-New-York am 22. Mai 1872 enthüllt wurde, hielt der greise Dichter William Cullen Bryant die Festrede, die in seinen „Orations and Addresses" abgedruckt ist.

Zur Feier des dreihundertjährigen Geburtstags Shakespeares, hielt der bekannte Unitarierprediger J. F. Clarke vor den Mitgliedern „der historisch-genealogischen Gesellschaft von Neuengland" in Boston eine bemerkenswerthe Rede, die sich in seinem Werke „Memorial and Biographical Sketches" (Boston 1878) befindet. Jener Herr hat auch neuerdings in einer Nummer der New-Yorker „International Review" im Hinblick auf die Shakespeare-Bacon Kontroverse die müßige Frage ventilirt, ob nicht am Ende Shakespeare Verfasser der Werke Bacons sei.

Einen werthvollen Beitrag zur Textkritik lieferte J. G.

Herr in seinen „Scattered Notes on the Text of Shakespeare" (Philadelphia 1879). Herr befürwortet an manchen Stellen radikale Aenderungen, und wenn man seine Vorschläge auch nicht immer gutheißen kann, so muß man doch zugeben, daß er sein Möglichstes gethan hat, dieselben zu begründen. Seine Vorschläge sind übrigens nicht immer neu; gar viele hat er den „Notes and Queries" und den Schriften des Dr. Karl Elze entnommen, ohne jedoch dafür den üblichen Tribut zu geben. Wir wollen nun einige Beispiele aus dieser Schrift, die von Keinem, der sich für die Verbesserung des Shakespeare'schen Textes interessirt, übersehen werden sollte, anführen. Im „Julius Cäsar," Act I, Scene 2, hat die Folioausgabe „common laughter", was bekanntlich Pope in „common laugher" umänderte. Da aber keins dieser Wörter einen richtigen Sinn giebt, so substituirt Herr „lover" dafür. „Lover" wird auch sonst noch von Shakespeare für „Freund" gebraucht, wie z. B. in der Stelle desselben Stückes: „Romans, countrymen, and lovers." Hudson und Rolfe, die sich ebenfalls für „lover" aussprechen, haben jedoch das herkömmliche „laugher" beibehalten.

Akt III. Scene 2, hat die Folioausgabe, und nach ihr die meisten anderen Ausgaben, den Ausdruck „strength of malice." Craik spricht sich gegen den betreffenden ganzen Satz aus, weil der Inhalt desselben nicht gut zum Auftreten des Brutus passe. Pope schrieb „exempt from malice;" Capel „no strength of malice," und Hudson dasselbe; doch hat dieser in seiner neuen Schulausgabe der Lesart „strength of amity" den Vorzug gegeben und zwar, weil sich in Antonius und Cleopatra Akt II, Scene 6, derselbe Ausdruck befindet („That which is the strength of their amity, shall prove the immediate author of their variance.") Herr schlägt „justice" vor und bringt zur Unterstützung dieses Vorschlags eine Masse schwerwiegender Beispiele aus den

Werken Shakespeare's wie er sich denn überhaupt die Aufgabe gestellt hat, Shakespeare seinen eigener Textkritiker sein zu lassen.

In „Much Ado about nothing" kommt Act II, Scene 1, die Phrase vor „mountain of affection," an der schon viel herumgebeutelt worden ist. Die Variantenausgabe vom Jahre 1821 widmet derselben eine ganze Seite. Johnson schlug „mooting" vor; Rolfe läßt den alten Wortlaut unverändert stehen, und Hudson weiß über diese Stelle nirgends ein Wort zu sagen. Herr substituirt „maintain" dafür.

Auch die Stelle „as thick as tale came post with post." Akt I, Scene 3, im „Macbeth," hat die Textkritiker vielfach beschäftigt. Rolfe ignorirt die darin enthaltenen Schwierigkeiten einfach, Hudson läßt die Sache beim Alten, Furneß schreibt „hail," und für diese Veränderung spricht sich auch Herr aus.

Zu der Stelle aus „Hamlet" Akt IX, Scene 2:

Rosencrantz. My Lord, you must tell us where the body is, and go whit us to the king.

Hamlet. The body is with the king, but the king is not with the body —

bemerkt Rolfe, daß dies beabsichtigter Unsinn sei, und daß auch die Kommentatoren nichts anderes daraus gemacht hätten. Tschischwitz sagt darüber Seite 135 seiner Hamletausgabe: „Hamlet faßt das Wort body allgemein auf; der Körper ist beim Könige, d. h. er gehört zum Könige; aber der König, d. h. die Majestas gehört nicht zum Körper. Furneß ist der Ansicht Clarenbons, die auch Rolfe adoptirt hat. Herr schreibt: „The body is with the king (of heaven), but the king (of Denmark) is not with the body" und begründet diese Interpretation durch die Stelle in der 3. Scene des IV. Aktes:

King. Where is Polonius?

Hamlet. In' heaven; send thither to see: if your messenger find him not there, seek him i'the other place yourself.

Akt V, Scene 1, „Hamlet" heißt es: „Woo't drink up eisel? eat a crocodile?

Die Ausdrücke „eisel" und „dram of eale" haben die Kommentatoren fast zur Verzweiflung gebracht. Rolfe giebt dem angelsächsischen Worte aisil, das Essig bedeutet, den Vorzug. White erklärt offen, er wisse nicht, was jenes Wort bedeute; Hammer, Elze und einige andere wollen „Nilus" gelesen haben, wofür sich auch Herr ausspricht. Furneß hat diesem Worte vier ganze Seiten in seiner „variorum edition" gewidmet.

Da die Folioausgabe von 1623 nach Collier 20,000 Druck- und sonstige Fehler aufzuweisen hat, so sollte jeder Beitrag, der da Licht in dieses Dunkel zu bringen verspricht, dankbar willkommen geheißen werden. Es scheinen aber derartige Forschungen bei einigen Literarhistorikern in Mißkredit geraten zu sein und ihren Spott herausgefordert zu haben; aber dieselben sollten doch bedenken, daß Jedem, der Shakespeare im Originale lesen will, wirkliche Verbesserungen zum Verständnisse unentbehrlich sind.

Herr's Vorschläge sind bisweilen kühn und erzwungen; in allen Fällen aber bleibt er seinem Vorsatze getreu, Shakespeare als seinen eigenen Korrektor auftreten zu lassen.

Auch Hiram Corsons Schrift „Jottings on the Text of Hamlet" sollte in den Händen eines jeden Shakespeare-Forschers sein.

Bei der Erwähnung Crosby's hatten wir gesehen, daß sich literarische Privatbeschäftigung sehr gut mit einem andern Berufe vereinigen läßt; ein Kaufmann, der da, nachdem er sein Geschäftslokal zugeschlossen hat, von Nichts als seinen Waaren zu sprechen weiß, ist sicherlich ein langweiliger und trockener Geselle. Es freut uns, daß wir nun Crosby noch einen Kollegen zugesellen können, nämlich William Leighton zu Wheeling in Westvirginien, den sogenannten „poet-glass-maker." Derselbe ist Vorsteher einer kleinen Shakespeare-Gesellschaft in seinem Wohnort und entfaltet überhaupt eine lobenswerthe poetische Thätigkeit. Leighton stammt aus East Cambridge, ist ein Graduirter der Lawrence Scientific School und seit einigen Jahren Miteigenthümer einer großen Glaswaarenfabrik in Wheeling, deren Produkte auf dem Centennial zu Philadelphia gerechtes Aufsehen hervorriefen. 1877 ließ er in Philadelphia die Tragödie „The Sons of Godwin" erscheinen, die einen vortheilhaften Vergleich mit dem wenige Tage darauf erschienenen und einen ähnlichen Stoff behandelnden Trauerspiel „King Harold" von Tennyson wohl aushält; ja, einige englische und amerikanische Kritiker stellten Leighton's Werk entschieden über das des lorbeergekrönten Engländers. Durch diesen Erfolg ermuthigt, veröffentlichte er darauf das Drama „At the Court of King Edwin," und dann das bidaktische Gedicht „Change; or, the Whisper of the Sphynx," Werke, deren Besprechung eigentlich nicht hierher gehört, denn wir wollen Leighton als Shakespeare-Verehrer kennen lernen. Daß er Shakespeare kennt, hat er durch mehrere Zeitungsartikel und durch das brillant ausgestattete Werk „A Sketch of Shakespeare" (Wheeling 1879) hinlänglich bewiesen. Diese Schrift besteht aus drei Vorträgen. In dem ersten giebt er eine biographische Skizze des Dichters; er führt uns in das alte Stratford, macht uns daselbst mit Shakespeare's Eltern bekannt, versteigt sich aber dabei oft zu unhaltbaren Schlüssen. Aus der Stelle eines Sonettes

„So J, made lame by fortune's dearest spite"

liest er heraus, daß Shakespeare lahm war.

Die beiden anderen Vorträge drehen sich um den Einfluß, die dichterische Bedeutung und die Quellen Shakespeare's.

Als Resultat seiner weiteren Beschäftigung mit Shakespeare erschien 1881 zu Philadelphia „Shakespeare's Dream, and other poems.". Der Hauptinhalt dieses Werkes besteht aus einem dramatischen Gedichte, in dem die bekannten Helden Shakespeare's auftreten.

Shakespeare sitzt in seiner Sommerwohnung zu Stratford und gedenkt der Tage seiner Kindheit. Darauf schläft er ein, die Traumgeister singen ein Lied, und Prospero und Miranda treten auf. Auch Caliban läßt sich bald blicken und erklärt, er sei nur dann am glücklichsten, wenn er Purpurtrauben gegessen habe und seine Stirne vom Winde der kalten Salzwelle umfächelt werde. Am allerglücklichsten aber sei er im Schlaf, vorausgesetzt, daß ihm Prospero keine schrecklichen Träume schicke. Vor einem Traum aber habe er besonders Furcht, und denselben muß er dann erzählen.

Die Sonne hatte die Erde ausgetrocknet und jedes Bächlein war versiecht, sogar auch das Bächlein, aus dem er gewöhnlich zu trinken pflegte. Er kroch darauf dem Laufe desselben nach und gerieth in eine tiefe Höhle, in welche nur spärliche Lichtstrahlen durch Felsenspalten fielen. Nachdem sich sein Auge an das Halbdunkel gewöhnt hatte, sah er eine Gestalt, die ihn mit Grausen erfüllte; es war ein Riesenskelett, das gegen die Felsenmauer gelehnt lag. „Ich bin dein Vorfahr", sprach es; „ich war Herr dieser schönen Insel und hatte hier meine Wohnung, in die ich die getödteten Thiere schleppte. In meinem Schicksale siehe das deinige!" Dann hörte Caliban die Geister der Insel draußen tanzen und singen; ihre Freude erhöhte sein Leid, er schlug verzweifelnd gegen den Felsen und erwachte.

Nun tritt Ariel auf und bittet Prospero, ihm einen Auftrag zu ertheilen, wobei er die Geschichte und die Thaten der Hexe Sycorax erzählt. Dann singen die Traumgeister wieder und alle Personen verschwinden vom Schauplatze, um Macbeth, seiner Gemahlin und dem Geiste des Königs Duncan Platz zu machen. Nachdem Jedes einige charakteristische Worte gesprochen hat, verschwinden sie wieder, und Ophelia, Polonius und Hamlet treten auf. Hamlet erklärt, daß sein Herz für Liebe geschaffen sei, doch habe ihm das Schicksal ein entblößtes Schwert in die Hand gedrückt.

So erscheinen nach und nach alle Helden Shakespeare's, und das Zauberspiel endet mit einigen Worten Shakespeare's, der inzwischen erwacht ist. Leighton's Gedicht enthält hin und wieder ächt poetische Gedanken, große Erfindungsgabe aber kann man dem Dichter nicht nachrühmen.

Charles C. Soule in St. Louis machte sich durch gelungene Travestien der Trauerspiele „Romeo und Julie" und „Hamlet" bekannt. In letzterer tritt Polonius als Professor in Wittenberg auf; Hamlet und Ophelia verheirathen sich, und Claudius wird nach Chicago verbannt. Auch Drake's berühmtes Gedicht „The Culprit Fay" zeigt große Aehnlichkeit mit Shakespeare's „Sommernachtstraum."

Um Shakespeare's Werke unter den Deutschen Amerika's zu verbreiten, veranstalteten F. W. Thomas und Söhne in Philadelphia einen billigen Nachdruck der Uebersetzung von Schlegel und Tieck. Die Shakespeare-Recitationen, die Hermann Linde in allen größeren Städten der Union hielt, fanden ungetheilten Beifall. Da derselbe am Beispiele der Tragödin Janauschek gesehen hatte, daß sich mehr Geld verdienen lasse, wenn man in der englischen Sprache auftrete, so machte er sich daran, diese Sprache „in less than no time" zu erlernen, um schließlich schmählich Fiasko zu machen. Doch da er unter jeder Bedingung seine Geldgier befriedigen wollte, so beschloß er, sich auf den Humbug zu verlegen und den Amerikanern etwas zu bieten, was die Sonne bis jetzt noch nicht gesehen hatte. Er wollte ein militärisches Turnier in Scene setzen, zu dem jede der Hauptregierungen Europa's einen vollständig ausgerüsteten Soldaten herüber schicken sollte; derjenige nun, der die meiste Ausdauer im Marschiren nachwies, sollte einen hohen Ehrenpreis erhalten. Kurzum, Linde blamirte sich gründlich und fuhr bitter enttäuscht nach dem alten Europa zurück.

Als Shakespeare=Darsteller auf der amerikanischen Bühne zeichneten sich hauptsächlich der ältere und jüngere Booth, Forrest und Janauschek aus.